edition suhrkamp 2286

Für Peter Sloterdijk läßt sich die Frage, wie man in kürzestmöglicher Form den Beitrag des 20. Jahrhunderts zur Geschichte der Zivilisation charakterisieren könnte, durch drei Kriterien beantworten: die Praxis des Terrorismus, das Konzept des Designs und den Umweltgedanken. Durch das Erste wurden die Interaktionen zwischen Feinden auf postmilitärische Grundlagen gestellt; durch das Zweite gelang dem Funktionalismus der Wiederanschluß an die Wahrnehmungswelt; durch das Dritte wurden Lebens- und Erkenntnis-Phänomene in einer bisher nicht gekannten Tiefe aneinandergeknüpft.

Damit ist klar, daß für Peter Sloterdijk das 20. Jahrhundert im April 1915 begann – mit dem ersten Großeinsatz von Chlorgasen der deutschen West-Armeen gegen französische Infanteriestellungen.

In seinem Essay verfolgt Peter Sloterdijk, wie sich die Praxis des Terrors, des staatlichen wie des nicht-staatlichen, im Laufe des 20. Jahrhunderts veränderte: von den ersten Gasangriffen bis zum Abwurf der ersten beiden Atombomben findet buchstäblich ein Luftbeben statt – ein Luftbeben, das auch im 21. Jahrhundert anhält …

Peter Sloterdijk

Luftbeben

An den Quellen des Terrors

Suhrkamp

edition suhrkamp 2286
Erste Auflage 2002

Originalausgabe

Satz: Jung Crossmedia, Lahnau
Druck: Nomos Verlagsgesellschaft, Baden-Baden
Umschlag gestaltet nach einem Konzept
von Willy Fleckhaus: Rolf Staudt
Printed in Germany

1 2 3 4 5 6 – 07 06 05 04 03 02

Inhalt

Atemlos vor gespannter Wachsamkeit,
atemlos vor Beklommenheit im unatembaren
Nachtglast …

Hermann Broch, *Der Tod des Vergil*[1]

1 H. B., Frankfurt/M. 1976, S. 103

1 Der Gaskrieg – oder: Das atmoterroristische Muster

Sollte man mit einem Satz und einem Minimum an Ausdrücken sagen, was das 20. Jahrhundert, neben seinen inkommensurablen Leistungen in den Künsten, an unverwechselbar eigentümlichen Merkmalen in die Geschichte der Zivilisation eingebracht hat, so könnte die Antwort wohl mit drei Kriterien auskommen. Wer die Originalität dieser Epoche verstehen will, muß in Betracht ziehen: die Praxis des Terrorismus, das Konzept des Produktdesigns und den Umweltgedanken. Durch das erste wurden die Interaktionen zwischen Feinden auf postmilitärische Grundlagen gestellt; durch das zweite gelang dem Funktionalismus der Wiederanschluß an die Wahrnehmungswelt; durch das dritte wurden Lebens- und Erkenntnisphänomene in einer bisher nicht gekannten Tiefe aneinandergeknüpft. Alle drei zusammen markieren die Beschleunigung der Explikation – das heißt die aufdeckende Einbeziehung von Hintergrundgegebenheiten in manifeste Operationen.

Wäre darüber hinaus die Aufgabe gestellt zu bestimmen, wann dieses Jahrhundert der Sache nach begonnen habe, so ließe sich die Antwort mit hoher Punktgenauigkeit erteilen. Mit derselben Auskunft ist zu verdeutlichen, wie die drei primären Charakteristika des Zeitalters anfangs in einer gemeinsamen Urszene verbunden waren. Das 20. Jahrhundert brach spektakulär enthüllend am

22. April 1915 an mit dem ersten Großeinsatz von Chlorgasen als Kampfmittel durch ein eigens hierfür eingerichtetes »Gasregiment« der deutschen West-Armeen gegen französisch-kanadische Infanteriestellungen im nördlichen Ypern-Bogen. In den vorausgehenden Wochen hatten deutsche Soldaten in diesem Frontabschnitt, vom Feind unbemerkt, Tausende von versteckten Gasflaschen zu Batterien bisher unbekannten Typs am Rand der deutschen Gräben eingebaut. Exakt um 18 Uhr wurden von Pionieren des neuen Regiments unter dem Kommando von Oberst Max Peterson 1600 große (40 kg) und 4130 kleinere (20 kg) mit Chlor gefüllte Flaschen bei vorherrschendem Nord-Nordostwind geöffnet. Durch dieses »Abblasen« der verflüssigten Substanz breiteten sich circa 150 Tonnen Chlor zu einer Gaswolke von etwa 6 Kilometern Breite und 600 bis 900 Metern Tiefe aus.[2] Eine Luftaufnahme hielt die Entfaltung der ersten Kriegsgiftwolke über der Ypern-Front fest. Der günstige Wind trieb die Wolke mit einer Geschwindigkeit von 2 bis 3 Metern pro Sekunde gegen die französischen Stellungen; die Konzentration des Luftgifts wurde mit etwa 0,5 Prozent angegeben – was bei längerer Expositionszeit zu schwersten Schädigungen der Atemwege und Lunge führte.

Der französische General Jean-Jules Henry Mordacq (1868-1943), der sich zu diesem Zeitpunkt 5 Kilometer

2 Wir folgen bei diesen Angaben der Darstellung von Dieter Martinetz, Der Gas-Krieg 1914-1918. Entwicklung, Einsatz und Herstellung chemischer Kampfstoffe. Das Zusammenwirken von militärischer Führung, Wissenschaft und Industrie, Bonn 1996; geringfügige Varianten bei Ortsbezeichnungen sowie Zeit- und Mengenangaben finden sich in der Monographie von Olivier Lepick, La grande guerre chimique: 1914-1918, Paris 1998.

hinter der Front aufhielt, empfing kurz nach 18 Uhr 20 einen Feldtelefonanruf, in dem ein Offizier des frontnahe verschanzten 1. Tirailleurregiments vom Auftreten ungeheurer, gelblicher Rauchwolken Meldung machte, die von den deutschen Gräben her auf die französischen Stellungen zutrieben.[3] Als Mordacq aufgrund dieses anfangs bezweifelten, dann durch weitere Anrufe bestätigten Alarms sich mit seinen Adjutanten zu Pferde aufmachte, um die Frontsituation in eigener Person zu examinieren, traten bei ihm selbst und seinen Begleitern nach kurzer Zeit Atembeschwerden, Hustenreiz und schweres Ohrensausen auf; nachdem die Pferde den Weitermarsch verweigerten, mußte sich Mordacqs Mannschaft zu Fuß den vergasten Zonen nähern. Bald kamen ihnen haufenweise Soldaten in Panik entgegengelaufen, mit geöffneten Waffenröcken, die Gewehre weggeworfen, Blut spukkend, nach Wasser rufend. Einige wälzten sich bereits am Boden und rangen vergeblich nach Luft. Gegen 19 Uhr lag eine sechs Kilometer breite Bresche in der französisch-kanadischen Front offen; um diese Zeit rückten deutsche Truppen nach und besetzten Langemarck.[4] Zu ihrem eigenen Schutz verfügten die angreifenden Einheiten lediglich über Mullkissen, die mit Sodalösung und einer chlorbindenden Flüssigkeit getränkt waren und über Mund und Nase gezogen wurden. Mordacq überlebte den Einsatz und publizierte im Jahr von Hitlers Machtergreifung seine Kriegsmemoiren.

3 Jean-Jules Henry Mordacq, Le drame de l'Yser, Paris 1933, zitiert nach Rudolf Hanslian (Hg.), Der chemische Krieg, 3. Auflage Berlin 1935, S. 123-124

4 Vgl. Martinetz, a. a. O., S. 23f.

Der militärische Erfolg der Operation war zu keinem Zeitpunkt strittig – Kaiser Wilhelm II. empfing schon wenige Tage nach den Vorgängen bei Ypern den wissenschaftlichen Leiter des deutschen Kampfgasprogramms, den Chemiker Professor Fritz Haber, Direktor des Dahlemer Kaiser-Wilhelm-Instituts für physikalische Chemie und Elektrochemie, in persönlicher Audienz, um ihn zum Hauptmann zu befördern[5] –, allenfalls wurde die Meinung laut, die von der Effizienz der neuen Methode selbst überraschten deutschen Truppen hätten aus ihrem Triumph des 22. April nicht energisch genug Kapital geschlagen. Hingegen gehen die Angaben über die Zahl der Opfer nach wie vor drastisch auseinander – nach inoffiziellen französischen Quellen hätte es lediglich 625 Gasverletzte gegeben, von denen nicht mehr als drei ihren Vergiftungen erlegen sein sollen, während nach anfänglichen deutschen Berichten mit 15 000 Vergifteten und 5000 Toten zu rechnen gewesen wäre, Zahlen freilich, die im Lauf der Forschung kontinuierlich nach unten berich-

5 Prof. Fritz Haber (1868-1934) war zur Kriegszeit auch Leiter eines Referats für »Gaskampfwesen« im Kriegsministerium. Er mußte 1933 als Jude Deutschland verlassen, nachdem er noch im Sommer dieses Jahres der deutschen Reichswehrführung Ratschläge für die Wiedereinführung einer Gaswaffe gegeben haben soll. Er starb am 29. Januar 1934 in Basel nach einem Aufenthalt in England, als er sich auf der Reise nach Palästina befand. Einige seiner Angehörigen kamen in Auschwitz ums Leben. In der Militärwissenschaft hat sich die Erinnerung an das sog. Habersche Tödlichkeitsprodukt erhalten, das sich aus der Multiplikation von Giftkonzentration mit Expositionszeit (c-t-Produkt) ergibt. Es erübrigt sich fast zu sagen, daß Haber sich nach 1918 analogen zivilen Aufgaben, insbesondere der agrarischen »Schädlingsbekämpfung«, zuwandte. Die Verleihung des Nobelpreises für Chemie für das Jahr 1918 an Haber aufgrund seiner Entdeckung der Ammoniaksynthese löste in England und Frankreich, wo man seinen Namen vor allem mit der Organisation des chemischen Kriegs verband, heftige Proteste aus.

tigt wurden. Offensichtlich ist, daß sich in diesen Differenzen interpretative Kämpfe manifestieren, die den militärtechnischen und moralischen Sinn der Operationen in verschiedenen Beleuchtungen zeigen. In einem kanadischen Autopsiebericht über ein Gasopfer an einem der schwerer belasteten Frontabschnitte hieß es: »Beim Entfernen der Lungen strömten beträchtliche Mengen einer schäumenden hellgelben Flüssigkeit aus, offenbar sehr eiweißstoffhaltig ... Die Venen an der Gehirnoberfläche waren hochgradig verstopft, alle kleinen Blutgefäße waren auffällig hervorgetreten.«[6]

Während das unselige 20. Jahrhundert sich heute anschickt, als das »Zeitalter der Extreme« in die Geschichtsbücher einzugehen, und vom Inaktuellwerden seiner Kampflinien und Begriffe dahingerafft wird – seine Drehbücher für die Weltgeschichte sind nicht weniger vergilbt als die Aufrufe mittelalterlicher Theologen zur Befreiung des Heiligen Grabes –, tritt eines der technischen Muster des vergangenen Säkulums mit zunehmender Deutlichkeit in Erscheinung. Man könnte es die Einführung der Umwelt in den Kampf der Kontrahenten nennen.

Seit es Artillerien gibt, gehört es zum Metier von Schützen und Kriegsherren, sich mit unmittelbaren Schüssen an den Feind und seine Abwehrschilde zu wenden. Wer einen Gegner nach den Regeln soldatischer Ferntötungskunst ausschalten will, muß mittels eines Geschützlaufs eine *intentio directa* auf dessen Körper herstellen und den angezielten Gegenstand durch hinreichend genaue Treffer immobilisieren. Vom späten Mittel-

6 Martinetz, a. a. O., S. 24

alter an bis zum Beginn des Ersten Weltkriegs machte es die Definition des Soldaten aus, daß er in sich diese Intentionalität aufzubringen und zu »hegen« vermochte. Während dieser Zeit ist Männlichkeit mitcodiert durch die Fähigkeit und Bereitschaft, mit eigener Hand und eigener Waffe ursächlich-direkt einem Feind den Tod zu geben. Das Zielen auf den Gegner ist gleichsam die Fortsetzung des Zweikampfs mit ballistischen Mitteln. Daher bleibt die Geste des Tötens von Mann zu Mann mit der vorbürgerlichen Vorstellung von persönlichem Mut und möglichem Heldentum so eng verknüpft, daß sie selbst unter Bedingungen des Distanzkampfs und der anonymen Materialschlacht wie immer auch anachronistisch weiterwirkte. Wenn Armeeangehörige des 20. Jahrhunderts der Meinung sein konnten, sie übten noch ein »mannhaftes« und unter Kriegsprämissen »ehrliches« Handwerk aus, dann mit Berufung auf das Risiko der unmittelbaren Tötungsbegegnung. Deren waffentechnische Manifestation ist das Gewehr mit aufgepflanztem Bajonett: Sollte die (bürgerliche) Ausschaltung des Feindes durch Fernschüsse aus irgendeinem Grund mißlingen, deutet diese Waffe die Möglichkeit an, zur (adligen und archaischen) Direktdurchbohrung aus der Nähe zurückzukehren.

Man wird das 20. Jahrhundert als das Zeitalter in Erinnerung behalten, dessen entscheidender Gedanke darin bestand, nicht mehr auf den Körper eines Feindes, sondern auf dessen Umwelt zu zielen. Dies ist der Grundgedanke des Terrors im expliziteren Sinn. Dessen Prinzip hat Shakespeare prophetisch dem Shylock in den Mund gelegt: »ihr nehmt mein Leben, wenn ihr die Mittel nehmt, wodurch ich lebe.«[7] Unter den Mitteln sind neben den ökonomischen heute auch die ökologischen Bedingungen menschlicher Existenz in den Brennpunkt der Aufmerksamkeit gerückt. In den neuen Verfahren, von der Umwelt des Feindes her den Entzug seiner Lebensvoraussetzungen zu betreiben, treten die Konturen eines spezifisch modernen, nach-hegelianischen Begriffs des Schreckens hervor.[8] Der Schrecken des 20. Jahrhunderts ist wesentlich mehr als das Ich-darf-weil-ich-will, mit dem das jakobinische Selbstbewußtsein über die Leichen derer ging, die sich dem Auslauf seiner Freiheit in den Weg stellten; er unterscheidet sich auch grundlegend von den Anschlägen der Anarchisten und Nihilisten im letzten Drittel des 19. Jahrhunderts, die eine prä-revolutionäre Destabilisierung der bürgerlich-spätaristokratischen Gesellschaftsordnung im Sinn hatten.[9] Er darf schließlich weder methodisch noch der Zielsetzung nach verwechselt werden mit der phobokratischen Technik bestehender oder aufkommender Diktaturen, sich mit-

7 »You take my life/When you do take the means whereby I live.« The Merchant of Venice, IV. Akt, 1. Szene

8 Vgl. G. W. F. Hegel, Phänomenologie des Geistes, Frankfurt/M. 1970, S. 431 ff. Im Terror verwirklicht sich nach Hegel die »diskrete, absolute, harte Sprödigkeit und eigensinnige Punktualität des wirklichen Selbstbewußtseins ... Das einzige Werk und Tat der allgemeinen Freiheit ist daher der *Tod*, und zwar ein Tod, der keinen inneren Umfang und Erfüllung hat; denn was negiert wird, ist der unerfüllte Punkt des absolut freien Selbst; er ist also der kälteste, platteste Tod, ohne mehr Bedeutung als das Durchhauen eines Kohlhaupts oder ein Schluck Wasser« (ibid., S. 436).

9 Vgl. Albert Camus, L'homme révolté, Paris 1951, dt.: Der Mensch in der Revolte, Reinbek bei Hamburg 1953/1991, bes. S. 121-198, mit Betonung der Differenz zwischen individuellem Terror und Staatsterrorismus.

tels einer kalkulierten Mixtur aus »Zeremonie und Terror«[10] ihre eigenen Bevölkerungen gefügig zu machen. Der Schrecken unseres Zeitalters ist eine Erscheinungsform des umwelttheoretisch modernisierten Auslöschungswissens, kraft dessen der Terrorist seine Opfer besser versteht, als sie sich selbst verstehen. Wenn sich der Körper des Feindes nicht mehr durch direkte Treffer liquidieren läßt, drängt sich dem Angreifer jetzt die Möglichkeit auf, diesem die Fortexistenz unmöglich zu machen, indem man ihn hinreichend lange in ein unlebbares Milieu taucht.

Aus dieser Konklusion entspringt der moderne »chemische Krieg« – als Angriff auf die primären umweltabhängigen Vitalfunktionen des Feindes, namentlich Atmung, zentralnervöse Regulierungen und lebbare Temperatur- und Strahlungsverhältnisse. Tatsächlich vollzieht sich hier der Übergang des klassischen Krieges in Terrorismus, sofern dieser die Absage an das alte Klingenkreuzen zwischen ebenbürtigen Gegnern zur Voraussetzung hat. Der Terror operiert jenseits des naiven Austauschs von bewaffneten Schlägen zwischen regulären Truppen. Ihm ist es um die Ersetzung klassischer Kampfformen durch Attentate auf die umweltlichen Lebensvoraussetzungen des Feindes zu tun. Ein solcher Wechsel legt sich nahe, wenn sehr ungleiche Gegner aufeinandertreffen – wie man dies in der aktuellen Konjunktur der Nicht-Staatenkriege und der Reibungen zwischen staatlichen Armeen und nicht-staatlichen Kämpfern wahrnimmt. Die militärgeschichtliche Kuriosität des Gaskriegs von

10 Vgl. Joachim Fest, Hitler. Eine Biographie, München 2000, S. 205

1915 bis 1918 besteht, wie man im Rückblick erkennt, darin, daß in ihm auf beiden Seiten der Front staatlich geförderte Formen von Umweltterror in die sogenannte reguläre Kriegführung von rechtens rekrutierten Armeen integriert waren – unter expliziter Mißachtung des Artikels 23 a der Haager Landkriegsordnung von 1907, in dem die Verwendung von Giften und leidenverschärfenden Waffen jeder Art zu Handlungen gegen den Feind und erst recht gegen die nichtkombattante Bevölkerung ausdrücklich ausgeschlossen worden war.[11] Im Jahr 1918 sollen die Deutschen über neun Gasbattaillone mit circa 7000 Mann, die Alliierten über 13 Bataillone »chemischer Truppen« mit mehr als 12 000 Mann verfügt haben. Nicht ohne Grund sprachen Experten von einem »Krieg im Kriege«. Die Formel kündet die Freisetzung des Exterminismus aus der gehegten Kriegsgewalt an. Durch zahlreiche Äußerungen von Soldaten des Ersten Weltkriegs, Berufsoffizieren zumal, ist bezeugt, daß sie im Gaskampf eine für alle Beteiligten entwürdigende Degeneration der Kriegführung erkannten. Es ist jedoch kaum ein Fall überliefert, daß sich ein Armeeangehöriger diesem neuen »Gesetz des Krieges«[12] offen widersetzt hätte.

Die Entdeckung der »Umwelt« erfolgte in den Schützengräben des Ersten Weltkriegs, in denen die Soldaten

11 Da beide Seiten sich bewußt waren, das Kriegsrecht zu verletzen, verzichteten sie darauf, bei den gegnerischen Regierungen Einspruch gegen die Verwendung von Giftgasen zu erheben. Prof. Habers falsches Argument, es handle sich bei Chlor nicht um Gift, sondern nur um ein Reizgas, und es sei deshalb von der Haager Konvention nicht betroffen, hat sich bis in die jüngere deutschnationale Apologetik erhalten.

12 Vgl. Jörg Friedrich, Das Gesetz des Krieges: das deutsche Heer in Rußland 1941-1945. Der Prozeß gegen das Oberkommando der Wehrmacht, München 1993

beider Seiten sich für die ihnen zugedachte Gewehr- oder Brisanzmunition so weitgehend unerreichbar gemacht hatten, daß das Problem des Atmosphären-Krieges prägnant werden mußte. Was später Gaskrieg hieß, bot sich als dessen technische Lösung an: Ihr Prinzip bestand darin, den Feind hinreichend lang – was in der Praxis mindestens einige Minuten bedeutete – in eine Wolke aus Schadstoffen von ausreichender »Gefechtskonzentration« einzuhüllen, bis er seinem natürlichen Atemzwang zum Opfer fiel. Diese Giftwolken setzten sich praktisch so gut wie nie aus Gasen im präzisen physikalischen Sinn zusammen, sondern aus feinsten Partikelstäuben, die durch leichte Sprengexplosionen freigesetzt wurden. Damit kam das Phänomen einer zweiten Artillerie in Sicht: sie zielte nicht mehr direkt auf die feindlichen Soldaten und ihre Stellungen, vielmehr auf die Luftumgebung der Feindkörper. Dadurch geriet der Begriff des »Treffers« unschärfelogisch in Bewegung: Was nahe genug am Objekt war, konnte von nun an als hinreichend genau und somit operativ beherrscht gelten.[13] In einer späteren Phase wurden die Brisanzgeschosse der klassischen Artillerie mit den nebelbildenden Geschossen der neuen Gasartillerie rekombiniert. Eine fieberhafte Forschung befaßte sich alsbald mit der Frage, wie man der raschen Verdünnung der Giftwolken begegnen könne, ebenso wie mit der Stabilisierung der Wolken über dem Gefechtsfeld – in der Regel durch chemische

13 Dieser Effekt wurde vom massiven Einsatz der Brisanzgeschosse vorweggenommen: Vgl. Niall Ferguson, Der falsche Krieg. Der Erste Weltkrieg und das 20. Jahrhundert, München 2001, S. 290: »Die Wucht der Granaten sollte den Mangel an Genauigkeit ausgleichen.«

Zusätze, die das Verhalten der hochflüchtigen Kampfstaubpartikel im gewünschten Sinn modifizierten. Wie über Nacht schoß in der Folge der Ereignisse von Ypern eine Art von Militärklimatologie aus dem Boden, von der man nicht zuwenig sagt, wenn man sie als das logische Leitphänomen des Terrorismus anerkennt. Die Giftwolkenkunde ist die erste Wissenschaft, mit der das 20. Jahrhundert seine Identitätsurkunde übergibt. Vor dem 22. April 1915 wäre diese Behauptung pataphysisch gewesen; für die Zeit danach muß sie als Kern einer Ontologie der Aktualität gelten. Der bis heute unklare Status der Giftwolkenkunde oder Theorie der unatembaren Räume innerhalb der Klimatologie macht nur deutlich, daß die Klimatheorie sich aus ihrer naturwissenschaftlichen Benommenheit zur Stunde noch nicht emanzipiert hat. In Wahrheit war sie, wie wir zeigen werden, die erste der neuen Humanwissenschaften, die aus dem Weltkriegswissen entsprangen.[14]

Die blitzartige Entwicklung von Militär-Atemschutzgeräten (populär: Liniengasmasken) verriet die Anpassung der Truppen an eine Lage, in der auch die menschliche Atmung im Begriff war, eine direkte Rolle im Kriegsgeschehen zu übernehmen. Fritz Haber konnte sich schon bald als Vater der Gasmaske feiern lassen.

14 Über die Entstehung einer heiteren Nephologie am Anfang des 19. Jahrhunderts unterrichtet Richard Hamblyns Monographie Die Erfindung der Wolken. Wie ein unbekannter Meteorologe die Sprache des Himmels erforschte, Frankfurt/M. 2001. Die wichtigsten humanwissenschaftlichen Ableitungen aus dem Phänomen der Kriegspropaganda und deren Aufhebung in die totalitäre Massenkommunikation finden sich in der Massenwahntheorie Hermann Brochs, siehe unten S. 97f.

Wenn man aus militärgeschichtlicher Literatur erfährt, daß zwischen Februar und Juni 1916 allein an die deutschen Truppen vor Verdun durch das zuständige Etappendepot nahezu fünfeinhalb Millionen Gasmasken sowie 4300 Sauerstoffschutzgeräte (aus dem Bergbau übernommen) mit zwei Millionen Liter Sauerstoff ausgegeben wurden,[15] wird in Zahlen evident, in welchem Maß bereits zu dieser Zeit der »ökologisierte«, in die atmosphärische Umwelt getragene Krieg zu einem Kampf um die respiratorischen »Potentiale« der verfeindeten Parteien geworden war. Der Kampf bezog nun auch die biologischen Schwachstellen der Konfliktpartner ein. Das so schnell populär gewordene Konzept Gasmaske drückt aus, daß sich der Angegriffene aus seiner Abhängigkeit vom unmittelbaren Atemluftmilieu zu lösen versuchte, indem er sich hinter einem Luftfilter verbarg – ein erster Schritt zum Prinzip Klimaanlage, das auf der Abkoppelung eines definierten Raumvolumens von der Umgebungsluft basiert. Dem entsprach auf der offensiven Seite wiederum eine Eskalation des Angriffs über die Atmosphäre durch den Einsatz von Giftstoffen, die auch die gegnerischen Atemschutzgeräte durchdringen sollten; vom Sommer 1917 an brachten deutsche Chemiker und Offiziere den als »Blaukreuz« oder Clark I bekanntgewordenen Kampfstoff Diphenyl-Arsenchlorid zum Einsatz, der in Form feinster Schwebstoffpartikel imstande war, die gegnerischen Atemschutzfilter zu überwinden – ein Effekt, den die Betroffenen mit der Bezeichnung »Maskenbrecher« quittierten. Zur selben Zeit führte die

15 Vgl. Martinetz, a. a. O., S. 93.

deutsche Gasartillerie an der Westfront gegen britische Truppen das grundlegend neue Kampfgas Gelbkreuz oder Lost[16] ein, das bereits in geringsten Mengen nach Hautkontakt oder Berührung mit Schleimhäuten und Atemwegen schwerste Beschädigungen des Organismus hervorrrief, insbesondere Erblindungen und katastrophale nervöse Dysfunktionen. Zu den bekannteren Lost- oder Yperit-Opfern der Westfront gehörte der Gefreite Adolf Hitler, der auf einem Hügel bei Wervick (La Montagne) südlich von Ypern in der Nacht vom 13. zum 14. Oktober 1918 in einen der letzten, von Briten vorgetragenen Gasangriffe des Ersten Weltkriegs geraten war; in seinen Erinnerungen gab er an, seine Augen seien am Morgen des 14. wie in glühende Kohlen verwandelt gewesen; er habe überdies nach den Ereignissen des 9. November in Deutschland, die er im pommerschen Lazarett Pasewalk durch Gerüchte miterlebte, einen Rückfall in seine Lost-Erblindung erlebt und sei während dieser zu dem Entschluß gekommen, »Politiker zu werden«. Im Frühjahr 1944 äußerte Hitler gegenüber Speer angesichts der näherrückenden Niederlage, er hege die Furcht, wie damals von neuem zu erblinden. Als nervöse Spur war das Gas-Trauma in ihm bis zuletzt gegenwärtig. Unter den militärtechnischen Determinanten des

16 Von Fritz Haber so benannt nach den verantwortlichen Wissenschaftlern Dr. *Lo*mmel (Bayer, Leverkusen) und Prof. *St*einkopf (Mitarbeiter an Habers Dahlemer Kaiser-Wilhelm-Institut für physikalische Chemie und Elektrochemie, im Krieg »Preußisches Militärinstitut«). Dieses Kampfgas wurde aufgrund seines Geruchs auch »mustard gas« (Senfgas) oder seiner verheerenden Wirkung wegen Hunnenstoff genannt bzw. Ypérite nach seinem ersten Einsatzort.

Zweiten Weltkriegs scheint die Tatsache eine Rolle gespielt zu haben, daß Hitler aufgrund dieser Vorgänge ein idiosynkratisches Gasverständnis in sein persönliches Konzept von Krieg auf der einen, von Genozidpraxis auf der anderen Seite einbrachte.[17]

In seinem ersten Auftreten führte der Gaskrieg die operativen Kriterien des 20. Jahrhunderts: Terrorismus, Designbewußtsein und Umwelt-Ansatz, in einem dichten Verbund zusammen. Der exakte Begriff von Terror setzt, wie gezeigt, einen expliziten Umweltbegriff voraus, weil Terror die Verschiebung des Zerstörungshandelns vom »System« (hier vom physisch konkreten Feindkörper) auf dessen »Umwelt« darstellt – im gegebenen Fall auf das Luftmilieu, in dem die Feindkörper, unter Atemzwang stehend, sich bewegen. Daher hat terroristisches Handeln von sich her stets und immer schon einen attentäterischen Charakter – denn zur Definition des Attentats (lateinisch: *attentatum*, Versuch, Tötungsessay) gehört nicht nur ein heimtückisch überraschendes Zuschlagen aus dem Hinterhalt, sondern auch die maligne Ausnutzung von Lebensgewohnheiten der Opfer. Im Gaskrieg werden tiefste Schichten der biologischen Kondition von Menschen in die Attacke auf sie einbezogen: Die unaufhebbare Gewohnheit zu atmen wird so gegen die Atmenden gekehrt, daß diese durch die Fortführung ihres elementaren Habitus zu unfreiwilligen

17 Zum Nicht-Einsatz der Gaswaffe im Zweiten Weltkrieg vgl. Günther Gellermann, Der Krieg, der nicht stattfand. Möglichkeiten, Überlegungen und Entscheidungen der deutschen Obersten Führung zur Verwendung chemischer Kampfstoffe im Zweiten Weltkrieg, Koblenz 1986.

Komplizen ihrer Zerstörung gemacht werden – vorausgesetzt, es gelingt dem Gasterroristen, seine Opfer so lange in das toxische Milieu einzuschließen, bis diese sich durch unvermeidbare Inhalationen an die unatembare Umwelt ausliefern. Nicht nur ist, nach Jean-Paul Sartres Bemerkung, die Verzweiflung ein Attentat des Menschen gegen sich selbst; das Luftattentat des Gasterroristen erzeugt im Angegriffenen die Verzweiflung, durch das Nichtunterlassenkönnen der Atmung zur Mitwirkung bei der Auslöschung des eigenen Lebens gezwungen zu sein.

Mit dem Phänomen Gaskrieg wird eine neue Explikationsebene für klimatische und atmosphärische Prämissen menschlicher Existenz erreicht. In ihm wird die Immersion der Lebenden in einem atembaren Milieu zur förmlichen Darstellung gebracht. In diesen Explikationsschub ist das Prinzip Design von Beginn an einbezogen, weil die operative Handhabung von Gasmilieus im offenen Gelände zu einer Reihe atmotechnischer Innovationen zwingt. Durch sie wurden Kampfgiftwolken zur produktdesignerischen Aufgabe. Die als Normalsoldaten an den Gasfronten im Westen wie im Osten eingesetzten Kämpfer sahen sich mit dem Problem konfrontiert, Routinen zu entwickeln, in denen der Atmoterrorismus als regionales Atmosphärendesign nach präzisen Kunstregeln zur Ausübung kommen sollte. Die künstliche Herstellung oder Installation von Kampfstaubwolken verlangte nach einer effizienten Koordination der wolkenbildenden Faktoren unter den Gesichtspunkten von Konzentration, Diffusion, Sedimentierung, Kohärenzeigenschaften, Masse, Ausdehnung und Bewegung –

gleichsam eine schwarze Meteorologie, die sich mit »Niederschlägen« besonderer Art befaßte. Eine Hochburg dieses Sonderwissens befand sich in dem von Fritz Haber geleiteten Kaiser-Wilhelm-Institut für physikalische Chemie und Elektrochemie in Berlin-Dahlem, einer der ominösesten und noch immer nicht ausgeschöpften Theorie-Adressen des 20. Jahrhunderts; ihr standen auf französischer und britischer Seite analoge Institute gegenüber. Um die erforderlichen Gefechtskonzentrationen im Gelände zu erreichen, mußten die Kampfstoffe meistens mit Stabilisatoren vermischt werden. Ob diese giftigen Niederschläge jedoch durch die Bearbeitung von Frontabschnitten mit einem Dauerfeuer aus Gasgranaten appliziert wurden oder durch das windunterstützte »Abblasen« von gerichteten Gasflaschen, war angesichts des ein für alle Mal konzipierten Prinzips gezielter Giftwolkenherstellung über einem definierten, unter *outdoors*-Bedingungen notwendigerweise vage abgegrenzten Terrain nur eine relativ geringfügige technologische Differenz. Bei einem Grünkreuz-Diphosgen-Angriff deutschem Gasartillerie bei Fleury an der Maas in der Nacht vom 22. zum 23. Juni 1916 ging man von einer für Tödlichkeit in offenem Gelände benötigten Wolkenkonsistenz aus, die durch mindestens fünfzig Schuß Feldhaubitze oder hundert Schuß Feldkanone pro Hektar und Minute zu gewährleisten gewesen wäre – Werte, die nicht ganz erreicht wurden, weswegen die Franzosen am folgenden Morgen »nur« 1600 Gasvergiftete und 90 Tote auf dem Feld zu beklagen hatten.[18] Entscheidend war viel-

18 Vgl. Martinetz, a. a. O., S. 70

mehr, daß die neuzeitliche Technik mittels des Gasterrorismus in den Horizont eines Designs für das Ungegenständliche durchbrach – wodurch Latenzthemen wie physikalische Luftqualität, künstliche Atmosphärenzusätze und sonstige klimabildende Faktoren in menschlichen Aufenthaltsräumen unter Explikationsdruck gerieten. Durch die progressive Explikation sind Humanismus und Terrorismus aneinandergekettet. Der nachmalige Nobelpreisträger Fritz Haber bekannte sich zeitlebens als glühender Patriot und Humanist. Wie er in seinem gleichsam tragischen Abschiedsschreiben vom 1. Oktober 1933 an sein Institut beteuerte, war er stolz darauf, im Krieg für das Vaterland, im Frieden für die Menschheit tätig gewesen zu sein.

Der Terrorismus hebt die Unterscheidung zwischen Gewalt gegen Personen und Gewalt gegen Sachen von der Umweltseite her auf: er ist Gewalt gegen jene menschen-umgebenden »Sachen«, ohne welche die Personen nicht Personen bleiben können. Die Gewalt gegen die Atemluft von Gruppen verwandelt die unmittelbare atmosphärische Hülle von Menschen in eine Sache, deren Versehrtheit oder Unversehrtheit künftig zur Disposition steht. Nur in der Reaktion auf terroristischen Entzug konnten Luft und Atmosphäre – primäre Lebensmedien im physikalischen wie im metaphorischen Sinn – Gegenstand expliziter Vorsorge und aerotechnischer, medizinischer, juristischer, politischer, ästhetischer und kulturtheoretischer Betreuung werden. In diesem Sinn sind Luft-Theorie und Klima-Technik nicht bloße Sedimente des Kriegs- und Nachkriegswissens und *eo ipso* erste Objekte einer Friedenswissenschaft, wie sie allein im

Kriegsstress-Schatten[19] entstehen konnte – mehr noch sind sie primäre post-terroristische Wissensformen. Sie so zu bezeichnen, heißt schon erklären, warum solches Wissen bisher nur in labilen, inkohärenten und autoritätsschwachen Kontexten festgehalten wurde; ja, vielleicht ist die Idee, es könnte so etwas wie authentische Terrorexperten geben, als solche hybrid. Terror ist etwas, was seine Akteure zum einen immer als Gegenschlag interpretieren und was seine Zeugen und Opfer zum anderen immer schon bewältigt und abgeschlossen sehen möchten – weswegen weder eine Chance zum Direktstudium der fraglichen »Gegenstände« besteht noch eine völlige Immunität gegen die Zumutung der Parteinahme.

Berufsmäßige Bekämpfer und Analytiker des Terros zeigen ein auffälliges Interesse daran, dessen Natur auf hohem Niveau zu verkennen – ein Phänomen, für das die Fluten von Expertenäußerungen nach dem Anschlag auf das World Trade Center in New York und das Pentagon in Washington am 11. September 2001 in ihrer elaborierten Hilflosigkeit klare Evidenz lieferten. Der Tenor so gut wie aller Kundgaben zu dem Attentat auf die prominenten Einrichtungen der USA lautete, man sei wie der Rest der Welt vom Vorgefallenen überrascht, sehe sich jedoch in der These bestätigt, daß es Dinge gibt, vor denen man sich eben nie ausreichend schützen kann. In der monotonen *War-on-Terror*-Kampagne der US-amerikanischen Fernsehgesellschaften, die sich in ihren Sprachregelungen mit den Pentagon-Programmen kurzge-

19 Zum Ausdruck Stress-Schatten vgl. Heiner Mühlmann, Die Natur der Kulturen. Entwurf einer kulturgenetischen Theorie, Wien/New York 1996

schlossen hatten, kam nicht ein einziges Mal die elementare Erkenntnis zur Sprache, daß der Terrorismus kein Gegner, sondern ein *modus operandi*, eine Kampfmethode, ist, die sich sofort über beide Seiten eines Konflikts verteilt – weswegen »Krieg gegen den Terrorismus« eine Nonsenseformulierung darstellt.[20] Sobald man die Kriegsregel, Partei zu ergreifen, einklammert und die Friedensprozeßregel befolgt, auch die andere Seite zu hören, wird evident, daß der einzelne Terrorakt nie einen absoluten Anfang bildet. Es gibt keinen terroristischen *acte gratuit*, kein ursprüngliches Es-werde des Schrekkens. Jeder Terroranschlag versteht sich als Gegenangriff in einer Serie, die jeweils als vom Gegner eröffnet beschrieben wird. Deswegen ist Terrorismus selbst antiterroristisch verfaßt – dies gilt sogar für die »Urszene« an der Ypern-Front 1915, nicht nur, weil sich aus ihr sofort die übliche Sequenz von Gegenschlägen und Gegen-Gegenschlägen ergab, sondern weil man sich auf deutscher Seite wahrheitsgemäß darauf berufen konnte, die Franzosen und Briten hätten zuvor schon Gasmunition eingesetzt.[21] Der Anfang des Terrors ist nicht das ausgeführte Einzelattentat der einen Seite, sondern der Wille und die Bereitschaft von Konfliktpartnern, in der ausgeweiteten Kampfzone zu operieren. Durch Kampfzonen-Exten-

20 Keineswegs unsinnig ist hingegen die Organisierung von Maßnahmen polizeilicher, notfalls auch militärischer Natur gegen definierte Gruppen, die sich der Gewaltanwendung im Modus des Attentats gegen Symbole, Institutionen und Personen verschrieben haben.

21 Auch für die deutsche Seite im Gaskrieg war der Chlorgasangriff von Ypern keine absolute Premiere; man hatte bereits im Januar 1915 an der Ostfront die sog. T12-Gasgranate erprobt und im März bei Nieuport an der Westfront eingesetzt.

sion macht sich das Prinzip Explikation im Kriegshandeln bemerkbar: Der Feind wird als ein Objekt in der Umwelt expliziert, dessen Entfernung einer Überlebensbedingung für das System gleichkommt. Terrorismus ist die maximale Explikation des Anderen unter dem Gesichtspunkt seiner Exterminierbarkeit.[22]

Die Stabilisierung eines tragfähigen Wissens vom Terror hängt zunächst nicht allein von der präzisen Erinnerung an seine Praktiken ab, sondern mehr noch von der Formulierung der Grundsätze, denen das Terrorhandeln in seiner technischen Explizitheit und fortgehenden Explikation seit 1915 unterliegt. Man versteht den Terrorismus nur, wenn man ihn als eine Form von Erforschung der Umwelt unter dem Blickwinkel ihrer Zerstörbarkeit auffaßt. Er nutzt den Umstand aus, daß bloße Bewohner ein User-Verhältnis zu ihrer Umwelt haben und diese naturgemäß zunächst ausschließlich als stumme Voraussetzung ihres Daseins konsumieren. Das Zerstören ist für diesmal analytischer als das Benutzen: Der punktuelle Terror zieht Vorteile aus dem Harmlosigkeitsgefälle zwischen dem Angriff und dem unverteidigten Objekt – indessen der systematisierte Terror ein anhaltendes Angstklima erzeugt, in dem die Verteidigung sich auf permanente Angriffe einstellt, ohne sie parieren zu können. Weil dies so ist, gerät der terroristisch zugespitzte Kampf immer mehr zu einem Wettbewerb um Explikationsvorsprünge hinsichtlich von Schwachstellen der

22 Der Exterminismus stellt eine Simplifikation des von Sartre klassisch beschriebenen Sadismus dar; in ihm geht es nicht mehr darum, sich die Freiheit des Anderen anzueignen, sondern darum, die eigene Umwelt von der Freiheit des Anderen zu befreien.

gegnerischen Umwelt. Neue Terror-Waffen sind solche, durch welche Lebensbedingungen expliziter gemacht werden; neue Kategorien von Attentaten legen – im Modus der bösen Überraschung – neue Oberflächen der Verwundbarkeit offen. Terrorist ist, wer sich einen Explikationsvorsprung hinsichtlich der impliziten Lebensvoraussetzungen des Gegners erarbeitet und für die Tat verwertet. Das ist der Grund, warum man nach großen terroristischen Einschnitten das Gefühl haben kann, das Geschehene sei zukunftweisend. Zukunft hat, was das Implizite aufbricht und Harmlosigkeiten in Kampfzonen umwandelt.

Vor diesem Hintergrund ist festzuhalten, daß aller Terror seinem Verfahrensprinzip nach atmoterroristisch verfaßt ist. Er hat die Form des attentäterischen Schlags gegen die akuten umweltlichen Lebensbedingungen des Feindes, beginnend mit dem Vergiftungsangriff auf die unmittelbarste Umgebungsressource eines menschlichen Organismus, seine Atemluft. Zugestanden ist damit, daß das, was wir seit 1789 und mehr noch seit 1915 *terreur* und Terror nennen, mit naiver Brutalität und böser List in jeder möglichen Weise der Gewaltanwendung gegen lebensweltliche Bedingungen menschlicher Existenz antizipiert werden konnte – man denke an Trinkwasservergiftungen, für die schon die Antike Beispiele bietet, an Verpestungsanschläge auf verteidigte Festungen, ebenso wie an die Verbrennung und Ausräucherung von Städten und Zufluchtshöhlen durch Belagerungstruppen, an die Verbreitung von Horrorgerüchten und ähnliches. Aber solche Vergleiche verfehlen das Wesentliche. Der Sache nach bleibt Terrorismus als ein Kind der Modernität zu identifizieren, weil er zu seiner exakten Definition erst heranreifen konnte, seit das Prinzip des Angriffs auf die Umwelt und die Immunverfassung eines Organismus oder einer Lebensform in vollendeter technischer Explizitheit zur Darstellung gekommen ist. Dies geschah, wie beschrieben, erstmals in den Ereignissen des 22. April 1915, als die aus 5700 Gasflaschen abgeblasene Chlorgaswolke mit einem leichten Wind von den deutschen Stellungen auf die französischen Gräben zwischen Bixschoote und Langemarck zutrieb. In der Abendstunde dieses Tages sprang zwischen 18 und 19 Uhr der Zeiger der Epochenuhr von der vitalistisch-spätromantischen Phase der Moderne um auf die der atmoterroristischen Sachlichkeit. Eine Zäsur von gleicher Tiefe hat es auf diesem Feld seither nicht gegeben. Die großen Desaster des 20. Jahrhunderts, wie des beginnenden 21., gehören ausnahmslos, wie zu zeigen ist, in die Explikationsgeschichte dessen, was an jenem Aprilabend an der Westfront begann, als die überraschten französisch-kanadischen Einheiten unter dem Eindruck der weißgelblichen Gaswolke, die von Nordosten her auf sie zukroch, in panischem Entsetzen hustend und schreiend zurückwichen.

Die weitere technische Explikation des im Krieg erworbenen kampfklimatologischen Verfahrenswissens nahm quasi naturgemäß spätestens vom November 1918 an den Umweg über seine »friedliche Nutzung«. Mit dem nahenden Kriegsende gerieten die Bettwanze, die gemeine Singschnake, die Mehlmotte und vor allem die Kleiderlaus ins Visier der kampfentschlossenen Berliner Chemiker. Sie hatten sich auch von dem Verbot jeglicher Produktion von Kampfstoff auf deutschem Boden durch den Versailler Vertrag offenbar die Faszination durch ihren Beruf nicht verderben lassen wollen. Professor Ferdinand Flury, einer der engsten Mitarbeiter Fritz Habers am Dahlemer Institut, hielt im September 1918 in München bei einer Tagung der Deutschen Gesellschaft für angewandte Entomologie (Insektenkunde) einen programmatischen Vortrag zu dem Thema: »Die Tätigkeiten des Kaiser-Wilhelm-Instituts für physikalische Chemie und Elektrochemie in Berlin Dahlem im Dienste der Schädlingsbekämpfung«. In der Diskussion ergriff Fritz Haber das Wort und berichtete über die Tätigkeit eines von ihm mitbegründeten »Technischen Ausschusses für Schädlingsbekämpfung« (Tasch), der sich vor allem um die Einführung von Blausäuregas (Cyanwasserstoff, HCN) in die Insektenabwehr der deutschen Landwirte bemühte. Er bemerkte hierzu: »Der grössere zugrundeliegende Gedanke ist, ausser der Blausäure auch die anderen Kampfstoffe, die der Krieg gezeitigt hat, nach wiederhergestelltem Frieden für die Förderung der Landwirtschaft durch Schädlingsbekämpfung nutzbar zu machen«.[23] Flury gab in seinem Referat zu bedenken, »daß bei der Einwirkung von Gasen auf Insekten oder Milben ganz andere Verhältnisse in Frage kommen, als bei der Einatmung von Gasen und Dämpfen durch die Lunge der Säugetiere, wenn auch ein Parallelismus zu der Giftigkeit gegen höhere Tiere be-

23 Zitiert nach: Jürgen Kalthoff/Martin Werner, Die Händler des Zyklon B. Tesch & Stabenow. Eine Firmengeschichte zwischen Hamburg und Auschwitz, Hamburg 1998, S. 24

steht«.[24] Schon im Jahr 1920 konnte eine Fachzeitschrift der kurz vor Kriegsende gegründeten Deutschen Gesellschaft für Schädlingsbekämpfung GmbH (Degesch) bekanntgeben, daß seit 1917 circa 20 Millionen Kubikmeter »Gebäuderaum an Mühlen, Schiffen, Kasernen, Lazaretten, Schulen, Getreide- und Saatgutspeichern« und ähnlichem den Kriterien avancierter Blausäuretechnik gemäß – nach dem sogenannten Bottichverfahren – durchgast worden seien. Zu dieser trat ab 1920 ein von Flury und anderen neu entwickeltes Gasprodukt hinzu, das die Vorteile der Blausäure, ihre extreme Toxizität, bewahrte, ohne ihre Nachteile zu übernehmen: die gefahrenträchtige Nichtwahrnehmbarkeit des Gases durch Geruch, Geschmack oder sonstige Sensorien für den Menschen. Das Geheimnis der Neueinführung bestand in einer zehnprozentigen (später geringeren) Beimischung eines hoch wahrnehmungswirksamen Reizgases (z. B. Chlorkohlensäuremethylester) zu dem giftwirksamen Zyanwasserstoff. Das neue Produkt wurde unter dem Namen Zyklon A auf den Markt gebracht und für die »Entwesung ungezieferverseuchter Wohnräume« empfohlen. Am Zyklon A war bemerkenswert, daß es ein Designer-Gas darstellte, an dem sich eine spezifische Aufgabe von Design: die Wiedereinführung von nichtwahrnehmbaren oder abgeblendeten Produkt-Funktionen in die Benutzerwahrnehmung, exemplarisch beobachten ließ: Weil die Hauptkomponente der Verbindung, Zyanwasserstoff, der bei 27 Grad Celsius verdampft, für Menschen nicht unmittelbar bemerkbar ist, schien es den Entwick-

24 Ibid., S. 25

lern dieses Stoffs sinnvoll, ihr Produkt mit einer stark auffälligen Reizkomponente auszustatten, die durch ihre heftige Aversionswirkung auf die Gegenwart der Substanz hinwies. (In philosophischer Hinsicht würde man von einer Rephänomenalisierung des Aphänomenalen sprechen.[25]) Merken wir an, daß die erste »Großraumentwesung« fast auf den Tag genau zwei Jahre nach dem Angriff von Ypern bei einer Mühlendurchgasung in Heidingsfeld bei Würzburg am 21. April 1917 durchgeführt wurde; zwischen dem Tod Goethes und der Einführung des Worts »Großraumentwesung« in die deutsche Sprache waren nur fünfundachtzig Jahre vergangen; auch die Ausdrücke »Entmottung« und »Entrattung« bereicherten von dieser Zeit an den Wortschatz der Deutschen, die den animalischen Schädlingen jetzt im Vollbesitz chemischer Handlungsfähigkeit entgegentraten. Der Besitzer der Mühle gab zu Protokoll, sein Betrieb sei auch längere Zeit nach der Durchgasung vollständig »mottenfrei« geblieben.

Die zivile Blausäurewolkenerzeugung bezog sich nahezu ausschließlich auf geschlossene umbaute Räume (Ausnahmen bildeten Obstbäume im Freien, die mit luftdichten Planen überzogen und anschließend begast wurden). Man konnte hierbei mit Konzentrationen arbeiten, die es den Anbietern solcher Dienste erlaubten, die restlose Ausrottung lokaler Insektenpopulationen ein-

25 Im Hinblick darauf, daß ein solcher Zusatz für Zwecke der Menschenexterminierung kontraproduktiv gewesen wäre, wurde an die Hygieneabteilungen von Auschwitz, Oranienburg und anderen Lagern eine warnstoffreie Variante von Zyklon B geliefert. Vgl. Kalthoff/Werner, a. a. O., S. 162f.

schließlich ihrer Eier und Nissen anzupreisen – nicht zuletzt wegen der Eigenschaft des Blausäuregases, bis in die letzten Ritzen und Winkel einzudringen. In der Frühphase dieser Praktiken wurde das Verhältnis zwischen der Sonderluftzone, sprich dem auszugasenden Raumvolumen, und der Allgemeinluft, der öffentlichen Atmosphäre, als so unproblematisch interpretiert, daß die Beendigung der Begasungen in der Regel einfach in der sogenannten Entlüftung bestand – das heißt der Verteilung des Giftgases in der Umgebungsluft bis zum Wiedereintritt »unbedenklicher Werte« (die zu messen anfangs kaum einem Wissenschaftler in den Sinn kam). Daß die »Entlüftung« der ersten Bereiche zur Belastung der zweiten führte, war zu jener Zeit niemandes Sorge. Die Unbeträchtlichkeit der begasten Innenräume im Verhältnis zur nicht-begasten Außenluft schien *a priori* und für alle Zeit festzustehen. Die Fachliteratur der Branche notiert in den frühen vierziger Jahren nicht ohne Stolz, daß man inzwischen 142 Millionen Kubikmeter Rauminhalt »entwest« und dabei anderthalb Millionen Kilogramm Blausäure verbraucht – wir würden ergänzen: ungeschützt in die Atmosphäre eingebracht – habe. In einer späteren Phase, nach fortgeschrittener Entfaltung des Umweltproblems, kehrte sich das Verhältnis zwischen der Umgebungsluft und der Sonderluftzone an manchen Orten um, indem nun die künstlich eingerichtete – wir sagen inzwischen: die klimatisierte – Zone privilegierte Luftverhältnisse anbietet, während die allgemeine Umgebung durch ein zunehmendes Atemrisiko belastet ist, bis hin zu akuter Unatembarkeit und chronischer Unlebbarkeit.

Während der zwanziger Jahre bot eine Reihe norddeutscher Kammerjägerbetriebe bereits routinemäßige Zyklonausgasungen für Schiffe, Lagerhäuser, Massenunterkünfte, Baracken, Eisenbahnwaggons und ähnliche Räume an – darunter ab 1924 die neu gegründete Hamburger Firma Tesch & Stabenow (Testa), deren 1926 patentiertes Spitzenprodukt unter dem Namen Zyklon B Bekanntheit erlangen sollte.[26] Daß einer der beiden Firmengründer, Dr. Bruno Tesch, geboren 1890, nach dem Prozeß vor einem britischen Militärgericht im Hamburger Curio-Haus 1946 zum Tode verurteilt und im Zuchthaus Hameln hingerichtet, in den Jahren 1915 bis 1920 an Fritz Habers kriegschemischem Institut beschäftigt und mit der Entwicklung des Gaskampfes von Anfang an befaßt war, belegt in einem konkreten Fall die auch ansonsten weithin gültige personelle und sachliche Kontinuität der neuen Entwesungspraktiken jenseits von Krieg und Frieden. Der Vorzug des von Dr. Walter Heerdt erfundenen oder entwickelten Zyklon B bestand darin, daß die hochflüchtige Blausäure durch poröse trockene Trägersubstanzen wie Kieselgur aufgesaugt wurde, wodurch sich die Lager- und Transporteigenschaften des Stoffs gegenüber der bisherigen Flüssigform entscheidend verbesserten. Es kam in Dosen von 200 g, 500 g, 1 kg und 5 kg auf den Markt. Bereits in den dreißiger Jahren hatte Zyklon B, das zunächst exklusiv in Dessau (später auch in Kolin) hergestellt und durch die Firma Testa wie durch die Deutsche Gesellschaft für Schädlingsbekämpfung kooperativ vertrieben wurde, eine Quasi-Monopolstel-

26 Vgl. Kalthoff/Werner, a. a. O., S. 56f. und 241

lung auf dem Weltmarkt der Schädlingsbekämpfungsmittel erreicht, eine Position, die nur im Feld der Schiffsausgasungen die Konkurrenz eines älteren Schwefelgasverfahrens dulden mußte.[27] Zu dieser Zeit war auch schon die Praxis der Ungeziefervertilgung in fixen oder fahrbaren Entmottungs- und »Entwesungkammern« eingeführt, bei welchen das zu behandelnde Material, in der Regel Teppiche, Uniformen und Textilien aller Art, auch Polstermöbel, in den Gasraum eingebracht und danach abgelüftet wurde.

Nach dem Kriegsbeginn 1939 hielt die Firma Testa Desinfektorenlehrgänge für Zivilisten und Wehrmachtsangehörige im Osten ab. Bei diesen spielten auch Gaskammerdemonstrationen eine Rolle. Nach wie vor galt die Entlausung der Truppe wie der Kriegsgefangenen als eine der dringendsten Aufgaben, der sich die Schädlingsbekämpfer an der hygienischen Front zu stellen hatten. Zur Jahreswende 1941-42 brachte die Firma Tesch & Stabenow für ihre Geschäftskunden, unter denen die Wehrmacht im Osten ebenso wie die Waffen-SS inzwischen stark ins Gewicht fielen, eine Broschüre unter dem Titel *Die kleine Testa-Fibel über Zyklon* heraus, in der sich klare sprachliche Anzeichen für eine Militarisierung der »Entwesungsverfahren« – vielleicht sogar für eine mögliche Wiederanwendung der Blausäure auf menschliche Umwelten – finden lassen. Es heißt dort, Ungeziefervertilgung »... entspricht nicht nur einem Gebote der Klugheit, sondern stellt darüber hinaus einen Akt der N o t w e h r dar!«[28] In medizinischer Hinsicht ist dies als

27 Vgl. Kalthoff/Werner, a. a. O., S. 45-102
28 Ibid., S. 109

Hinweis auf die Fleckfieberepidemie lesbar, die 1941 im deutschen Ostheer ausgebrochen war, wobei mehr als 10 Prozent der Infizierten verstarben – angesichts der üblichen Mortalitätsrate von 30 Prozent bei dieser Krankheit bereits ein großer Erfolg deutscher Hygiene; der Fleckfiebererreger *Rickettsia prowazekii* wird durch Kleiderläuse übertragen. Im Licht der folgenden Ereignisse versteht man, wie mit dem juristischen *terminus technicus* »Notwehr« auf semantischer Ebene die potentielle Wiederannäherung der Begasungstechnik an den Bereich menschlicher Objekte vorausgedacht war. Nur wenige Monate darauf zeigte sich, daß die atmotechnische Form der Organismenvertilgung auch Anwendungen auf einen Humaninhalt abdecken sollte. Als 1941 und 1942 einige Artikel von firmeneigenen Chemiehistorikern das 25jährige Jubiläum des Blausäureeinsatzes im Ungezieferkampf als ein für die gesamte Kulturwelt relevantes Ereignis würdigten, wußten deren Verfasser noch nicht, in welchem Umfang ihre opportunistischen Hyperbeln sich als bedeutsam erweisen würden für die diagnostische Bestimmung des zivilisatorischen Kontexts im ganzen.

Das Jahr 1924 spielt im Drama der Atmosphärenexplikation nicht nur wegen der Gründung der Hamburger Zyklon-B-Firma Tesch & Stabenow eine eminente Rolle; es ist zugleich das Jahr, in dem das atmoterroristische Motiv der Extermination von Organismen durch die akute Zerstörung ihrer Umwelt ins Strafrecht eines demokratischen Staatswesens eingeführt wurde. Der US-amerikanische Staat Nevada nahm am 8. Februar 1924 die erste »zivile« Gaskammer zur Durchführung von vorgeblich human-effizienten Hinrichtungen in Betrieb – mit Vorbildwirkung auf elf weitere US-Staaten, darunter Kalifornien, das durch seine zweisitzige, krypta-artige achteckige Gaskammer im Staatsgefängnis St. Quentin berühmt und durch den möglichen Gasjustizmord an Cheryl Chessman am 2. Mai 1960 berüchtigt wurde. Die rechtlichen Grundlagen für die neue Hinrichtungsmethode waren durch das Parlament von Nevada bereits im März 1921 geschaffen worden. Der erste nach der neuen Methode Hingerichtete war der 29jährige in China geborene Gee Jon, der (vor dem Hintergrund eines Bandenkriegs in Kalifornien zu Beginn der zwanziger Jahre) des Mordes an dem Chinesen Tom Quong Kee für schuldig befunden worden war. In den amerikanischen Gaskammern kamen die Delinquenten durch das Einatmen von Blausäuredämpfen zu Tode, die sich nach dem Einlaufen der Giftkomponenten in ein Gefäß entwickelten. Wie die kriegschemische Forschung im Labor erkannt und im Feld erprobt hatte, hemmt das Gas den Transport von Sauerstoff im Blut und führt zum inneren Ersticken.

Die internationale Community der Giftgas- und Atmosphärendesignexperten war von den letzten Jahren des Ersten Weltkriegs an durchlässig genug, um innerhalb kürzester Zeit cisatlantisch wie transatlantisch auf Neuerungen der Technik wie auf Schwankungen im Klima der Anwendungsmoral zu reagieren. Seit dem Aufbau des Edgewood Arsenals bei Baltimore, einer riesigen Kriegsforschungsanlage, die nach dem Kriegseintritt von 1917 mit großen Mitteln errichtet wurde, verfügten die Vereinigten Staaten über einen eigenen akademisch-militärisch-industriellen Komplex, der weit engere Kooperationen zwischen den Waffenentwicklungsfakultäten erlaubte, als die entsprechenden europäischen Institutionen sie kannten. Edgewood wurde damit eine der Geburtsstätten des Teamworks – übertroffen allenfalls durch das *dream team* des Los Alamos National Laboratory, das von 1943 an wie in einem Meditationscamp des Exterminismus auf die Kernwaffe hinarbeitete. Auch schon für die Edgewood-Mannschaften aus Wissenschaftlern, Offizieren und Unternehmern kam es darauf an, sich wegen des Abflauens der Kriegskonjunktur seit 1918 nach zivilen Überlebensformen umzusehen. Der Schöpfer der Gaskammer im Nevada State Prison von Carson City, D. A. Turner, hatte während des Kriegs als Major des Medizinischen Korps der US-Army gedient; sein Beitrag bestand im wesentlichen darin, die Erfahrungen des militärischen Blausäureeinsatzes auf die Bedingungen der zivilen Exekution zu übertragen. Gegenüber der Anwendung von Giftgas im Freien bot seine Verwendung in der Kammer den Vorzug, das Problem der tödlichen Geländekonzentration auszuschalten. Damit trat das Giftwolkendesign gegenüber dem Design der Kammer und des Gasapparats in den Hintergrund. Daß das Verhältnis zwischen Kammer und Wolke dennoch problematisch geraten kann, zeigen nicht nur Zwischenfälle bei Gaskammer-Hinrichtungen in den USA; auch die sehr ungleichen Verläufe der Sarin-Anschläge auf mehrere Linien der Untergrundbahn von Tokyo am 20. März 1995 demonstrieren, daß die Idealbedingungen einer kontrollierten Relation zwischen Giftgas und Raumvolumen sich empirisch nicht leicht herstellen lassen.[29] Dies würde selbst für Attentäter gelten, die weniger unprofessionell vorgingen als jene Mitglieder der Aum-Shinrikyo-Sekte, die ihre präparierten Sarin-Plastiktüten in Zeitungspapier gewickelt auf dem Boden der Waggons ablegten, um sie kurz vor der Haltestelle, an der sie ausstiegen, mit den angefeilten Metallspitzen ihrer Regenschirme zu perforieren, während die weiterreisenden Fahrgäste das ausströmende Gift einatmeten.[30]

Was der Justiz von Nevada einen Platz in der Geschichte der Explikation menschlicher Atmosphäre-Abhängigkeit sichert, ist ihre zugleich vorauseilende und geistesgegenwärtige Sensibilität für die modernen Qualitäten des Gastodes. Als modern kann auf diesem Feld gelten, was verspricht, hohe Effizienz mit Humanität zu verbinden – im gegebenen Fall also die mutmaßliche Leidensverkürzung bei den Delinquenten aufgrund der schnellen Giftwirkung. Ausdrücklich hatte Major Turner seine Kammer als mildere Alternative zu dem schon damals berüchtigten elektrischen Stuhl empfohlen, auf dem starke Stromstöße das Gehirn der Delinquenten unter einer eng anliegenden Kappe verschmoren lassen. Im Konzept der Gas-Exekution zeigt sich, daß nicht allein der

29 Das Kampfgas Sarin (T 144) wurde 1938 in der von Dr. Gerhard Schrader geleiteten Forschungsabteilung der I. G. Farben synthetisiert. Seine Giftigkeit beträgt mehr als das Dreißigfache von Blausäure; bei ausreichender Expositionszeit würde ein Gramm Sarin zur Tötung von bis zu eintausend Menschen genügen.

30 Vgl. Haruki Murakami, Underground. The Tokyo Gas Attack & the Japanese Psyche, London 2001. Der Schriftsteller Joseph Haslinger hat von diesen Vorgängen eine austroterroristische Variante geliefert: In seinem Kriminalroman Opernball, Frankfurt/M. 1995, spielte er die Vorstellung durch, ein Gebäude von den Ausmaßen der Wiener Staatsoper ließe sich durch eine Gruppe von Kriminellen okkasionell in eine Großgaskammer verwandeln.

Krieg als Explizitmacher der Dinge wirkt; derselbe Effekt folgt ebenso häufig aus dem umweglosen Humanismus, der seit der Mitte des 19. Jahrhunderts die amerikanische Spontanphilosophie ausmacht und in ihrer akademischen Version zu Pragmatismus wird. In ihrem Willen, das Wirksamste mit dem Schmerzlosesten zu verbinden, wollte sich diese Denkweise nicht beirren lassen durch Exekutionsprotokolle, die von beispiellosen Qualen mancher Gaskammer-Delinquenten sprechen – Beschreibungen von solcher Drastik, daß der Gedanke sich nahelegt, in den USA habe während des 20. Jahrhunderts unter humanitären Vorwänden eine Rückwendung zur mittelalterlichen Tortur-Exekution stattgefunden. Für die offizielle Wahrnehmung freilich sollte der Gastod bis auf weiteres als eine so praktische wie humane Prozedur gelten; in dieser Hinsicht war die Gaskammer von Nevada eine Kultstätte des pragmatischen Humanismus. Ihre Einrichtung wurde diktiert vom sentimentalen Gesetz der Moderne, das vorschreibt, den öffentlichen Raum von Akten manifester eigener Grausamkeit freizuhalten. Niemand hat den Zwang, dem die Modernen gehorchen, die grausamen Züge eigenen Handelns zu okkultieren, so prägnant ausgesprochen wie Elias Canetti: »Die Gesamtsumme der Empfindlichkeit in der Kulturwelt ist sehr groß geworden … es wäre heute schwerer, einen einzigen Menschen öffentlich zum Feuertod zu verurteilen als einen Weltkrieg zu entfesseln.«[31]

Die straftechnisch innovative Idee der Hinrichtungs-Gaskammer setzt die vollständige Kontrolle über die

31 Elias Canetti, Das Gewissen der Worte. Essays, Frankfurt/M. 1981, S. 23

Differenz zwischen dem tödlichen Innenklima der Kammer und dem Außenklima voraus – ein Motiv, das sich im Einbau von Glaswänden in den Hinrichtungszellen niederschlägt, durch welche es geladenen Zeugen von Gas-Exekutionen gestattet werden sollte, sich von der Effizienz der atmosphärischen Verhältnisse im Kammerinneren zu überzeugen. So wird auf kurze Distanz eine Art von ontologischer Differenz räumlich installiert – tödliches Klima im Innern der klar definierten, penibel abgedichteten »Zelle«, konviviales Klima im »lebensweltlichen« Bereich der Exekutoren und Beobachter; Sein und Seinkönnen außen, Seiendes und Nichtseinkönnen innen. Im gegebenen Kontext bedeutet Beobachter sein soviel wie Agoniebeobachter sein, ausgestattet mit dem Privileg, den Untergang eines organischen »Systems« durch die Unlebbarmachung seiner »Umwelt« in äußerer Anschauung zu verfolgen. Auch die Gaskammertüren in den deutschen Vernichtungslagern besaßen zum Teil Glasvisiere, die es den Exekutoren gestatteten, das Beobachterprivileg wahrzunehmen.

Wenn es darum geht, die Herbeiführung des Todes als eine Herstellung im genauen Sinn zu denken, mithin als Explizitmachen der Verfahren, die im Vorliegen von Leichen resultieren, so stellt die Gaskammer von Nevada, mag ihr Gebrauch samt seiner Nachahmung in zahlreichen anderen US-Staaten sporadisch geblieben sein (die Kammer von Carson City wurde zwischen 1924 und 1979 32mal benutzt), einen der Meilensteine im vernünftigen Exterminismus des 20. Jahrhunderts dar. Als Heidegger 1927 in *Sein und Zeit* mit fundamentalontologischer Umständlichkeit von dem Existenzzug des Seinszum-Tode sprach, hatten amerikanische Justizvollzugsbeamte und Exekutionsärzte schon einen Apparat in Betrieb genommen, der das Atmen-zum-Tode zu einem ontisch kontrollierten Verfahren machte. Nicht länger »Vorlaufen« in den eigenen Tod; vielmehr Festsitzen in der letalen Luft-Falle.

Es kommt hier nicht darauf an, dokumentarisch und erzählerisch nachzuvollziehen, wie es kam, daß die beiden seit den dreißiger Jahren nebeneinander existierenden Gaskammerideen miteinander fusionierten. Es genügt im gegebenen Kontext festzuhalten, daß der Schauplatz oder Prozessor dieser Fusion eine gewisse SS-Intelligenz war, die einerseits Beratung von der deutschen Schädlingsbekämpfungsindustrie erhielt, andererseits ihres von der Berliner Reichskanzlei ausgehenden Mandats zur Wahl »ungewöhnlicher« Mittel gewiß sein durfte, namentlich seit dem von Hitler aktuell gemachten Beschluß zur »Endlösung der Judenfrage«, die vom Sommer 1941 an durch mündlich kommunizierten Geheim»befehl« auf die Tagesordnung ausgewählter SS-Verbände gesetzt worden war. Mit diesem Auftrag ausgestattet, der ihrer Eigeninitiative weiten Spielraum ließ, traten sie zum Amoklauf der Pflichterfüllung an. Als Katalysatoren der Ideenverbindung zwischen der Schädlingsbekämpfung und der Exekution von Menschen durch Blausäuregas wirkten systematische Tötungen von Kriegsgefangenen mit Hilfe von Motorabgasen (in Lagern wie Belzec, Chelmno und anderen) sowie extensive Krankentötungen in deutschen Psychiatrieanstalten mittels Gasduschen in mobilen, auf Lastwagen montierten Gaskammern.

An dieser relativ späten Stelle in der Explikation atmosphärischer Hintergrundwirklichkeiten durch technikgestützten Terrorismus kommt der Hitler-Faktor als eskalierendes Moment ins Spiel. Es kann kaum ein Zweifel daran bestehen, daß die äußerste exterministische Zuspitzung deutscher »Judenpolitik« nach 1941 durch die Schädlings- und Ungeziefermetaphorik vermittelt war, die seit den frühen zwanziger Jahren einen konstitutiven Bestandteil der von Hitler geprägten NS-Partei-Rhetorik gebildet hatte und von 1933 an zu einer gleichsam offiziellen Sprachregelung in der gleichgeschalteten deutschen Öffentlichkeit aufstieg. Die pseudonormalisierende Wirkung der Redeweise von den »Volksschädlingen« (die einen breiteren Bedeutungsbezirk abdeckte, einschließlich Defaitismus, Schwarzhandel, Führerwitze, Systemkritik, mangelnder Glaube an die Zukunft) war dafür mitverantwortlich, daß es den Führern der nationalsozialistischen Bewegung gelang, ihre exzessive idiosynkratische Form des Antisemitismus als eine spezifisch deutsche Ausprägung vorgeblicher Hygiene wenn nicht zu popularisieren, so doch auf breiter Basis duldbar oder nachahmbar zu machen. Die Schädlings- und Parasiten-Metaphorik gehörte zur selben Zeit auch zur rhetorischen Munition des Stalinismus, der die umfassendste Politik des Lagerterrors hervorbrachte, ohne die Zuspitzungen der SS-»Entwesungs«praxis zu erreichen. Im Kern des Gaskammer- und Krematoriumsbetriebs von Auschwitz und anderer Lager stand unverkennbar die agierte Metapher der »Ungezieferbekämpfung«. Der Ausdruck »Sonderbehandlung« meinte vor allem die umweglose Applikation von Verfahren der Insektenvertilgung auf menschliche Populationen. Die praktische Umsetzung dieser metaphorischen Operation reichte bis zur Verwendung des gebräuchlichsten »Entwesungs«-mittels, des Zyklon B, wie zur fanatisch analogen Durchführung des vielerorts eingeführten Kammer-Verfahrens. Im extremen Pragmatismus der Exekutoren gingen das psychotische Agieren einer Metapher und das dienstlich gleichmäßige Durchführen von Maßnahmen nahezu ohne Reibung ineinander über.

Die Holocaust-Forschung hat zu Recht in der Fusion von Amok und Routine das Betriebsmerkmal von Auschwitz erkannt. Daß das Zyklon B nach Zeugenaussagen des öfteren auf Rotkreuzfahrzeugen in die Lager gebracht worden sein soll, entspricht ebenso der hygienisierenden und medikalisierenden Tendenz der »Maßnahmen« wie dem Tarnungsbedürfnis der Täter. In der Fachzeitschrift *Der praktische Desinfektor* wurden 1941 die Juden von einem Militärarzt als fast alleinige »Seuchenträger« bezeichnet – was im weiteren Zeitkontext eine nahezu konventionelle Aussage war, jedoch vor dem aktuellen Hintergrund eine kaum noch verschlüsselte Drohung aussprach. Eine aphoristische Tagebuchnotiz des Reichspropagandaministers Goebbels vom 2. November desselben Jahres bestätigt die stabile Assoziation zwischen dem entomologischen und dem politischen Vorstellungsfeld: »Die Juden sind die Läuse der zivilisierten Menschheit.«[32]

32 Vgl. Götz Aly, »Endlösung«: Völkerverschiebungen und der Mord an den europäischen Juden, Frankfurt/M. 1995, S. 374. *Hate-speech*-Sätze dieser Art sind erst in jüngerer Zeit in linguistisch und moralphilosophisch adäquater Weise analysiert worden. Vgl. Judith Butler, Haß spricht. Zur Politik des Performativen, Berlin 1998

Der Eintrag zeigt, daß Goebbels mit sich selbst wie ein Agitator vor einer Menge kommunizierte. Wie die Dummheit ist auch das Böse autohypnotisch.

Im Januar 1942 wurden in einem umgebauten Bauernhaus (Bunker I genannt) auf dem Gelände des Lagers Auschwitz-Birkenau zwei Gaskammern eingerichtet und »in Betrieb genommen«. Bedarf an Kapazitätsausweitung wurde bald erkennbar; weitere Anlagen kamen in rascher Folge hinzu. In der Nacht vom 13. auf den 14. März 1943 wurden im Leichenkeller I des Krematoriums II von Auschwitz eintausendvierhundertzweiundneunzig »arbeitsunfähige« Juden aus dem Krakauer Ghetto vergast; beim Einsatz von 6 Kilo Zyklon B ergab sich die von der Degesch für Entlausungen empfohlene Konzentration von circa 20 Gramm Blausäure pro Kubikmeter Luft. Im Sommer wurde der Keller des Krematoriums III mit einer gasdichten Tür und vierzehn Brausenattrappen versehen. Im Frühsommer 1944 hielt in Auschwitz der technische Fortschritt Einzug mit der Installation einer von Siemens entwickelten elektrischen Kurzwellen-Entlausungsanlage für Arbeitskleidung und Uniformen. Der Reichsführer der SS, Himmler, befahl im November des Jahres die Einstellung der Giftgastötungen. Nach den niedrigsten seriösen Schätzungen waren zu dieser Zeit eine dreiviertel Million Menschen den »Behandlungen« zum Opfer gefallen. Im Winter 1944 auf 1945 waren Lagertruppen und Häftlinge damit befaßt, die Spuren der gasterroristischen Installationen vor dem Eintreffen alliierter Truppen zu tilgen. Bei den Firmen Degesch (Frankfurt/M.), Tesch & Stabenow (Hamburg) und Heerdt-Lingler (Frankfurt/M.), die in Kenntnis des

Verwendungszwecks ihr Produkt in die Lager geliefert hatten, wurde die Notwendigkeit der Beseitigung von Geschäftsunterlagen eingesehen.

2 Zunehmende Explizitheit

Aus den Hinweisen auf die atmoterroristischen Prozeduren des Gaskrieges (1915-1918) und des genozidischen Gas-Exterminismus (1941-1945) treten die Umrisse einer Sonderklimatologie hervor. Mit ihr wird aktive Atemluftmanipulation zur Kultursache, wenn auch zunächst nur in der destruktivsten Dimension. Sie trägt von Anfang an die Züge eines designerischen Zugriffs, durch den mehr oder weniger exakt abgrenzbare Mikroklimata des Todes von Menschen für Menschen entworfen und *lege artis* hergestellt werden. Aus diesem »negativen Air Conditioning« lassen sich Aufschlüsse über den Prozeß der Moderne als Atmosphären-Explikation gewinnen. Der Atmoterrorismus liefert den entscheidenden Modernisierungsschub für jene Bereiche menschlichen Aufenthalts in alt-natürlichen Lebensweltverhältnissen, die am längsten dem Übergang von traditionellen zu modernen Bedingungen zu widerstehen vermocht hatten – dem des naturwüchsigen Atmosphärenbezugs und der unproblematischen Gelöstheit von Wohnenden und Reisenden in einem fraglos gegebenen, sorglos voraussetzbaren Luftmilieu. Das durchschnittliche menschliche In-der-Welt-Sein – auch dies ein moderner Explikationsname für die ontologische »Lage« nach dem Verlust alteuropäischer Weltgewißheit – war bis dahin in so tiefgewissem und selbstverständlichem Maß ein In-der-Luft-Sein, genauer ein In-Atembarem-Sein gewesen, daß eine ausführliche

Thematisierung von Luft- und Atmosphärenverhältnissen allenfalls in poetischen Formen oder in physikalischen und medizinischen Kontexten,[1] auf keinen Fall jedoch in den alltäglichen Selbstverhältnissen der Kulturteilnehmer, geschweige denn in den Definitionen ihrer Lebensform überhaupt auftauchen konnte – ausgenommen vielleicht die weit vorstoßenden Intuitionen des verfrühten Kulturtheoretikers Johann Gottfried Herder, der in seinen unerschöpflichen *Ideen zur Philosophie der Geschichte der Menschheit* schon 1784 eine neue Wissenschaft der »Ärologie« sowie eine allgemeine Atmosphärenkunde als Erforschung der lebenbergenden »Luftkugel« postulierte: »denn der Mensch ist ja, wie alles andere, ein Zögling der Luft«. Verfügten wir doch endlich, rief Herder aus, über eine Akademie, die solche Disziplinen lehrte, so würde uns über den Zusammenhang des Kulturwesens Mensch mit der Natur ein neues Licht aufgehen und wir vermöchten, »dies große Treibhaus der Natur in tausend Veränderungen nach einerlei Grundgesetzen wirken (zu) sehen«.[2]

Diese Sätze erinnern daran, daß Herder in diesem Jahrhundert einer großangelegten Anthropologie Pate gestanden hat; wir wollen ihn hier nicht erneut als Urheber der prekären Doktrin von der Mängelnatur des Menschen

1 Vgl. Wim Klever (Hg.), Die Schwere der Luft in der Diskussion des 17. Jahrhunderts, Wiesbaden 1997; Steven Shapin and Simon Schaffer, Leviathan and the Air Pump. Hobbes, Boyle and the Experimental Life, Princeton 1985; Christoph Wilhelm Hufelands Makrobiotik, 1796, weist auf den Zusammenhang zwischen Luftqualität und Lebenserwartung hin.

2 J. G. H., Schriften. Eine Auswahl aus dem Gesamtwerk, hg. von Walter Flemmer, München 1960, S. 78-79, Sperrung von uns.

in Anspruch nehmen, sondern als den Initiator einer Theorie von den menschlichen Kulturen als Organisationsformen des Daseins in Treibhäusern. Gleichwohl, seine menschenfreundlichen, eutonisch über dem Gegensatz von Natur und Kultur schwebenden Antizipationen können den dialektischen oder thematogenen Zusammenhang von Terrorismus und Hintergrundexplikation noch nicht zu erkennen geben. Auch Nietzsches bekannte Hypersensibilität gegen alles, was klimatische Existenzbedingungen wie Luftdruck, Feuchtigkeit, Wind, Bewölkungen und quasiimmaterielle Spannungen betraf, gehört noch in die letzte Dämmerung einer alteuropäischen Natur- und Atmosphärengläubigkeit, obschon in einer zerrütteten Ausprägung. Gelegentlich konnte sich Nietzsche wegen seiner abnormal atmosphärensensitiven Verfassung selbst als mögliches Exponat auf der Pariser Elektrizitätsausstellung von 1881 empfehlen, gleichsam ein pataphysisches Spannungsmeßgerät.[3] Jedoch: Was Luft, Klima, Atemmilieu und Atmosphäre im mikro- wie im makroklimatologischen Sinn und erst recht in kultur- und medientheoretischer Sicht bedeuten, ist nur nach dem weiteren Durchlauf durch die Modi und Stufen der exterministisch-atmoterroristischen Praktiken während des 20. Jahrhunderts in Erfahrung zu brin-

3 Vgl. F. N., Briefe, Sämtliche Briefe, Kritische Studienausgabe Band 6, München 1986, S. 140, An Franz Overbeck, 14. November 1881: »... diese medizinische Meteorologie ... ist aber leider eine Wissenschaft in der Kindheit und für meine persönliche Noth eben nur ein Dutzend Fragezeichen mehr. Vielleicht weiß man jetzt mehr – ich hätte in Paris bei der Electrizitäts-Ausstellung sein sollen, theils um das Neueste zu lernen, theils als Gegenstand der Ausstellung: denn als Witterer von elektrischen Veränderungen und sogenannter Wetter-Prophet nehme ich es mit den Affen auf und bin wahrscheinlich eine ›Spezialität‹.«

gen – wobei schon jetzt erkennbar ist, daß das 21. Jahrhundert zu neuen Ausdrücklichkeiten vorstößt.

Luftbeben: Mit dem Explizitwerden der Luft-, Klima- und Atmosphärenverhältnisse wird das Ur-Vorurteil der Existierenden zugunsten des primären Existenzmediums angetastet und der Naivität überführt. Wenn Menschen in ihrer bisherigen Geschichte unter jedem beliebigen Himmelsstrich ins Freie oder Überdachte treten konnten, gestützt auf eine fraglose Atembarkeitsvermutung hinsichtlich der umgebenden Luftatmosphäre, so machten sie, wie man retrospektiv erkennt, von einem Naivitätsprivileg Gebrauch, das nach dem Einschnitt des 20. Jahrhunderts für die Zukunft und alle Zeit verloren ist. Wer nach dieser Zäsur lebt und sich in einer mit der Modernität synchronisierten Kulturzone bewegt, ist schon zur förmlichen Klimasorge und zu Atmosphärendesign, sei es in rudimentären, sei es elaborierten Formen, verdammt. Er muß seine Bereitschaft zur Teilnahme an der Modernität gestehen, indem er sich erfassen läßt von ihrer explizitmachenden Gewalt über das vormals unauffällig Zugrunde-»Liegende« oder umweltlich Umgebend-Umgreifende.

Bevor die neue Sorgepflicht gegenüber dem Atmosphärischen und Klimatischen im Bewußtsein der Spätergeborenen stabilisiert werden konnte, waren einige weitere Explikationsschritte des Atmoterrorismus zurückzulegen. Hier ist Gelegenheit, in philosophischen Ausdrücken von der Entwicklung der modernen *Luftwaffe* zu sprechen, deren Name ihre Zuständigkeit für Eingriffe in atmosphärische Tatsachen bekundet. In unserem Kontext ist deutlich zu machen, daß Luftwaffen *per se* ein Zentralphänomen des Atmoterrorismus nach seiner verstaatlichten Seite hin darstellen. Militärflugzeuge funktionieren, wie später die Raketenartillerie, in erster Linie als Access-Waffen; sie heben die immunisierende Wirkung der räumlichen Entfernung zwischen Armeegruppen auf; sie erzwingen Zugang zu Objekten, die auf dem Boden kaum oder nur unter hohen Opfern erreichbar wären. Sie lassen die Frage nebensächlich werden, ob die Kombattanten natürliche Nachbarn sind oder nicht. Ohne die Reichweitenexplosion durch Luftwaffen bliebe die Globalisierung des Krieges mittels teledestruktiver Systeme unerklärlich. Ihres Einsatzes wegen sind große Teile des spezifischen Exterminismus im 20. Jahrhundert einer schwarzen Meteorologie zuzurechnen. In dieser Theorie menschengemachter Sonderniederschläge sprechen wir von der Erschließung des Luftraums durch Flugmaschinen und deren Indienstnahme für atmoterroristische und para-artilleristische Aufgaben.

Während der Gasterrorismus in seinen zwischen 1915 und 1945 manifesten Formen durchwegs am Boden operierte (mit Ausnahme des Rifkriegs in Spanisch-Marokko 1922-1927, der erstmals als aerochemischer Krieg geführt wurde),[4] sind thermo-terroristische und strahlenterroristische Angriffe auf Feindlebenswelten aus technischen und taktischen Gründen so gut wie immer auf Air-Force-Operationen angewiesen – wofür (nach den schockieren-

4 Vgl. Rudibert Kunz/Rolf-Dieter Müller, Giftgas gegen Abd el Krim. Deutschland, Spanien und der Gaskrieg in Spanisch-Marokko 1922-1927, Freiburg 1990; dort ausführliche Details über die Beteiligung deutscher Firmen und Kriegschemiker am ersten aerochemischen Krieg, in dem berittene Krieger aus dem Bergvolk der Rif-Kabylen mit Lost- und Benzinbomben niedergekämpft wurden.

den Überfällen deutscher Flugzeuge auf Guernica am 26. April 1937 und Coventry in der Nacht vom 14. zum 15. November 1940) vor allem die Vernichtung Dresdens am 13. und 14. Februar 1945 durch britische Bomberflotten und die Auslöschung von Hiroshima und Nagasaki am 6. und 9. August 1945 durch den Abwurf von zwei einzelnen Nuklearbomben aus US-amerikanischen Kampfflugzeugen paradigmatisch bleiben. Gefechte zwischen gleichwertigen Fliegerverbänden waren historisch eher von marginaler Bedeutung – sosehr sie auch das Imaginäre mit luftritterromantischen Turnierszenen beschäftigten. Dagegen hat sich *de facto* im Bereich des »Luftkampfs« die Praxis der einseitigen, unerwiderbaren Luftschläge durchgesetzt, bei denen entweder einzelne Maschinen Präzisionsangriffe gegen definierte Ziele führen oder größere Luftflotten zu Flächenbombardierungen eingesetzt werden, letzteres in Analogie zu dem unschärfelogischen Prinzip der Gasartillerie: nahe genug ist operativ so gut wie exakt. Die Metapher vom Bombenteppich, die seit den vierziger Jahren des gerade vergangenen Jahrhunderts aktiv ist, beschreibt sehr präzise das Anschauungsbild des Zudeckens größerer Segmente von bebauten und bevölkerten Landschaften mit tödlicher Auslegeware. Daß Punktbombardierungen in hoher Zahl ihrerseits Flächeneffekte ergeben können, haben unter anderem die Luftschläge der Nato gegen Serbien in der Kosovo-Affaire zwischen dem 24. März und dem 10. Juni 1999 gezeigt. Sosehr die Luftwaffen für eine militärromantische Interpretation ihrer Funktionen empfänglich sind und sich diskret als neo-aristokratische Waffengattung darstellen – gewissermaßen als Fortsetzung der Königsgattung Artillerie in einem freieren Medium –, sind sie ihrer praktischen Tendenz nach das bevorzugte Vollzugsorgan des Atmoterrorismus. Dabei bestätigt sich, daß die Staatlichkeit der Waffen, weit davon entfernt, das Gegengift gegen terroristische Praktiken zu sein, deren Systematisierung bewirkt. Daß seit dem Zweiten Weltkrieg die Luftstreitkräfte zu den führenden Waffensystemen aufgestiegen sind, zumal in den Interventionskriegen der USA nach 1945, spricht lediglich für die Normalisierung des staatsterroristischen Habitus und die Ökologisierung der Kriegführung.[5] Aus diesem Blickwinkel waren die Demonstrationen serbischer Zivilisten, die sich während der Nato-Luftangriffe im Frühjahr 1999, als Zielscheiben dekoriert, auf der Branko-Brücke über die Save aufstellten, ein adäquater Kommentar zur Luftkriegsrealität des 20. Jahrhunderts.

In der Kriegführung der staatlichen Luftwaffen kommt es, so haben nicht nur die Erfahrungen des Zweiten Weltkriegs in Europa wie im Fernen Osten bewiesen, zur allgemeinen Anwendung des attentäterischen Habitus, da Luftangriffe ihrem *modus operandi* gemäß immer schon Überfallcharakter besitzen. Sie setzen zudem, auch wo sie als Präzisionsschläge gegen »Anlagen« geführt werden, stets die Verletzung der Feind-Lebenswelten und *eo ipso* das Risiko der Tötung von Zivilisten voraus; bei Flächenangriffen wird dies zur primären Intention.

5 Ein Indiz von vielen hierfür ist der Einsatz von manifesten Terrorkampfmitteln wie Napalm durch die US Air Force im Vietnamkrieg sowie der Abwurf der berüchtigten Lungenbrecherbombe Blue 82 Commando Vault alias Daisy Cutter (einer 5,7-Tonnen-Ammoniumnitratbombe) auf irakische Infanterie und afghanische Kämpfer.

Der generalisierte »Bombenterror« von 1943 bis 1945 über dem Gebiet des Deutschen Reiches zielte bekanntlich nicht allein auf militärische Strukturen, sondern mehr noch auf die mentale Infrastruktur des Landes; deswegen mußte er lange Zeit wegen seiner vorgeblich moralbrechenden Wirkung auch gegen interne, nicht nur pazifistische Kritik bei den Alliierten verteidigt werden.

Der Bombardierung Dresdens in der Nacht vom 13. auf den 14. Februar 1945 durch zwei Lancaster-Bomberflotten der Royal Air Force lag ein pyrotechnisches Konzept zugrunde, nach dem der Stadtkern in einem viertelkreisförmigen Sektor mit einem dichten Ring aus Spreng- und Brandbomben umgeben und dicht bestreut wurde, der den gesamten Innenbereich in einen kohärenten Hochofen-Effekt einbeziehen sollte; es war den Angreifern darum zu tun, durch die hohe Verdichtung der Stabbrandbomben ein brennendes Zentral-Vakuum zu erzeugen, das einen orkanartigen Sog, den sogenannten Feuersturm, auslöst. Ein analoges Konzept zur systematischen Anfachung des Feuersturms hatte der britische Luftmarschall Arthur Harris bereits bei der Bombardierung Hamburgs am 27. Juli 1943 mit Erfolg erprobt. Derselbe Effekt wurde 1945 in Dresden von der ersten Bombardierung zwischen 22 Uhr 13 und 22 Uhr 28 vorbereitet und durch die zweite Angriffswelle zwischen 1 Uhr 30 und 1 Uhr 55 sichergestellt, die den Feuersturm bis zum gewünschten Ausmaß vorantrieb und ihn auf weite Stadtgebiete, insbesondere die von Flüchtenden überfüllte Gegend um den Hauptbahnhof, ausdehnte. Die dritte Angriffswelle durch amerikanische Luftverbände traf eine bereits verwüstete Stadt. Es kamen bei den beiden ersten Angriffen etwa 650 000 Einzelbomben zum Abwurf, hiervon 1500 Tonnen Minen- und Sprengbomben gegenüber circa 1200 Tonnen Brandbomben, die zur Auslösung des Flächenbrands in kleinteiliger Streuung regenartig abgeworfen wurden.[6] Der hohe Brandbombenanteil läßt erkennen, daß in erster Linie die Zerstörung von Wohngegenden und die Auslöschung von Zivilistenleben intendiert war. Den Angreifern waren die Umstände bekannt, wonach eine plangemäße Verwirklichung ihres Konzepts in der von Flüchtlingen aus dem Osten überlasteten Stadt zu einer hohen Zahl von Opfern führen mußte. Der Erfolg des Vorhabens manifestierte sich unter anderem darin, daß zahlreiche im Inneren des Feuerkessels Eingeschlossene dehydriert und mumifiziert aufgefunden wurden, ohne direkt mit Flammen in Berührung gekommen zu sein. Mehr als einhundert intakte Schutzkeller verwandelten sich aufgrund von Kamineffekten in Heißluftherde, deren Insassen lebendig durchgegart wurden. Es gibt in der Geschichte des angewandten Schreckens vor dem 6. August 1945 kein anderes Beispiel dafür, wie in einer »Lebenswelt« von der Ausdehnung nahezu eines ganzen Stadtgebiets Verhältnisse hergestellt werden konnten, denen die Merkmale einer auf hoher Stufe betriebenen Brennkammer zukamen; in ihr traten Temperaturen von über eintausend Grad Celsius auf, wobei die Rauchgase das Ihre zur Steigerung der tödlichen Wirkungen beitrugen. Daß in dieser

6 Für eine detaillierte Nacherzählung der Ereignisse zwischen dem 13. und 15. Februar 1945 vgl. Götz Bergander, Dresden im Luftkrieg. Vorgeschichte, Zerstörung, Folgen, Weimar – Köln – Wien 1994, besonders S. 112-231.

Sonderatmosphäre während einer einzigen Nacht der niedrigsten Schätzung zufolge 35 000 Menschen verbrannt, karbonisiert, durchtrocknet und erstickt werden konnten, bedeutete eine umwälzende Innovation auf dem Gebiet der Massenschnelltötungen.[7] Obschon als kriegsbedingte Singularität wahrnehmbar, setzte die Brandnacht von Dresden den neuen Archetypus des extensiven Thermoterrorismus in die Welt. Hier geschah ein zu Ende gedachter Großanschlag auf die thermischen Grenzbedingungen des Lebens. Er vollzog die expliziteste Negation der implizitesten aller Erwartungen: daß das In-der-Welt-Sein von Menschen unter keinen Umständen ein Im-Feuer-Sein meinen kann.

Es gehört zu den nicht mehr überraschenden Überraschungen des 20. Jahrhunderts, daß auch dieses Maximum sich als überbietbar erwies. Die Explikation der Atmosphäre durch den Terror machte bei der Umwandlung von Lebenswelten in Gas- und Feuerkammern nicht halt. Um über die Schrecken von Churchills und Harris' Hochofen hinauszugelangen, war nicht weniger vonnöten als eine Weltbildrevolution oder genauer – seit wir die Falschheit der Rede von Umwälzung und Revolution verstehen – der Durchbruch zu einer noch breiteren Ausfaltung dessen, was die Welt in ihrer physikalischen und biosphärischen Latenz zusammenhält. Eine Rekapitulation der gemeinsamen Geschichte der Kernphysik und

7 Die angegebene Zahl der Opfer erscheint einem Augenzeugen wie Götz Bergander intuitiv als zu niedrig angesetzt, er gibt als Historiker jedoch zu, daß für höhere Zahlen, sosehr sie subjektiv und übertreibungsdynamisch plausibel scheinen, die Beweise fehlen.

der Kernwaffe erübrigt sich an dieser Stelle. Für unseren Zusammenhang ist von Bedeutung, daß die kernphysikalische Explikation der radioaktiven Materie und ihre populäre Demonstration durch Atompilze über ariden Versuchsgeländen und bewohnten Städten gleichzeitig eine neue Tiefenstufe in der Explikation des menschlich relevanten Atmosphärischen aufschloß. Damit zog sie eine »revolutionäre« Neu-Orientierung des »Umwelt«-Bewußtseins in Richtung auf das unsichtbare Wellen- und Strahlenmilieu nach sich. Angesichts dessen ist mit dem Rekurs auf die klassische Lichtung, in der wir »leben, weben und sind«, ob man sie theologisch oder phänomenologisch lese, nichts mehr zu erreichen. Der (nach-)phänomenologische Kommentar zu den Atom-Blitzen über der Wüste von Nevada und den beiden japanischen Städten lautet: *Making radioactivity explicit.*

Nicht nur vollzog sich mit den Atombombenabwürfen über Hiroshima und Nagasaki eine quantitative Überbietung der Geschehnisse von Dresden – die Simultanauslöschung von (nach den vorsichtigsten Schätzungen) über einhunderttausend und noch einmal vierzigtausend Menschenleben[8] kann als bisherige Kulmination des atmoterroristischen Explikationsgeschehens gelten; die nuklearen Explosionen vom 6. und 9. August 1945 trieben zugleich die qualitative Eskalation voran, weil sie über die thermoterroristische Dimension hinaus den Übergang in die strahlenterroristische eröffneten. Die Strahlenopfer von Hiroshima und Nagasaki, die sich zu den Hitzeop-

8 Nimmt man die Strahlenofer hinzu, die bis Ende 1945 bzw. zum ersten Jahrestag der Bombenabwürfe starben, kommt man für Hiroshima auf 151 000, für Nagasaki auf 70 000 Tote.

fern der ersten Sekunden und Minuten nach kurzer Zeit gesellten, in ungezählten Fällen auch mit einer Verzögerung von Jahren und Jahrzehnten, machten die Erkenntnis ausdrücklich, daß menschliche Existenz kontinuierlich in einer komplexen Wellen- und Strahlenatmosphäre angesiedelt ist, von deren Realität uns allenfalls gewisse indirekte Wirkungen, jedoch keine Immediatwahrnehmungen Zeugnis geben können. Die Direktabgabe einer akut oder längerfristig für Menschen tödlichen Dosis von Radioaktivität, die »hinter« dem thermischen und kinetischen Primäreffekt der Bomben freigesetzt wurde, riß im Wissen der Verletzten und Zeugen eine radikal neue Latenz-Dimension auf. Altverborgenes, Unbekanntes, Unbewußtes, Niegewußtes, Niebemerktes, Nichtbemerkbares wurde mit einem Mal in die Manifestationsebene gezwungen; es wurde mittelbar in Form von Hautablösungen und Geschwüren auffällig, als ob ein unsichtbares Feuer sichtbare Brandwunden bewirkte. In den Gesichtern der Überlebenden spiegelte sich eine neue Gestalt der Apathie wider: die »Hiroshimamasken« starrten in die Reste einer Welt, die den Menschen im Lichtsturm entzogen worden war, um ihnen als verstrahlte Wüste zurückgegeben zu werden. Diese Gesichter kommentieren die Seinszumutung an ihrem dunklen Grenzwert. Nach dem schwarzen Regen über Japan manifestierte sich das namenlose Übel über Jahrzehnte hin in Krebswucherungen aller Art und tiefsten seelischen Verstimmungen. Bis 1952 war in Japan jeder öffentliche Hinweis auf die beiden Katastrophen durch die Zensur der USA verboten.[9]

9 Bei den Friedensgedenkfeiern in Hiroshima am 6. August 2001 wurde die Gesamtzahl der Opfer mit 221 893 beziffert, wovon ca. 123 000 Männer und 98 500 Frauen waren.

An diesen Vorgängen ist ein dimensionales Wachstum des Terrorhandelns abzulesen: das Nuklearattentat auf die Lebenswelt des Feindes schließt von jetzt an auch die terroristische Ausnutzung der Latenz als solcher ein. Die Nichtwahrnehmbarkeit der Strahlenwaffe wird zu einem wesentlichen Teil der Waffenwirkung selbst. Nach seiner Verstrahlung erst begreift der Feind, daß er nicht nur in einer Luft-, sondern auch in einer nichtwahrnehmbaren Wellen- und Strahlenatmosphäre existierte. Der nukleare Extremismus ist wie der chemische ein Explikationismus.

Mit dem nuklearen Explikationsschritt wird die phänomenale Katastrophe endgültig auch zu einer Katastrophe des Phänomenalen. Der Vorstoß der Physiker und der von ihnen informierten Militärs auf das radioaktive Niveau der Umweltbeeinflussung hat klargemacht, daß etwas in der Luft liegen kann, wovon die heiter atmenden, naiv kontextsensiblen Weltkinder der vornuklearen Ära, die altmenschlichen »Zöglinge der Luft«, schlechterdings nichts zu bemerken vermochten. Von diesem Einschnitt an ist die Nötigung, Nichtwahrnehmbares wahrzunehmen, wie ein als Drohung verfaßtes neues Gesetz über sie verhängt.

In einer analogen Latenz operieren auch spätere Bioterroristen (wie deren Simulanten und Parasiten) vor staatlichem wie nicht-staatlichem Hintergrund. Sie nehmen die Dimension des unwahrnehmbar Kleinen in ihr Angriffskalkül auf und bedrohen die Umwelt des Feindes mit unsichtbaren Angreifern. In der Dimension des bio-atmosphärischen Terrorismus haben vor allem sowjetische Militärforscher in den siebziger und achtziger

Jahren explizite Vorstöße vollzogen. Zu seinen Primärszenen gehören die 1982 und 1983 durchgeführten Versuche mit dem Tularämie-Erreger, bei denen auf einer verbotenen Insel im Aralsee Hunderte eigens hierfür aus Afrika importierter Affen an Pfosten gebunden und aus der Luft mit den neu entwickelten Tulerämie-Bomben beworfen wurden – mit dem für die Forscher befriedigenden Ergebnis, daß nahezu alle Versuchstiere, obwohl geimpft, durch die Inhalation der Erreger binnen kurzem zugrunde gingen.[10]

Wenn Martin Heidegger in seinen Aufsätzen von 1945 an des öfteren die »Heimatlosigkeit« als existentielles Kennwort des Menschen im Ge-stell-Zeitalter verwendete, war dabei nicht nur an die verlorene Naivität des Aufenthalts in Landhäusern und der Übergang zum Dasein in urbanen Wohnmaschinen zu denken. Auf einer tieferen Ebene deutete der Terminus »heimatlos« auch auf die Ausbürgerung der Menschen aus der natürlichen Lufthülle und ihren Umzug in klimatisierte Räume hin; in einer noch radikaleren Lektüre symbolisiert die Rede von Heimatlosigkeit den epochalen Exodus aus allen möglichen Nischen der Geborgenheit in der Latenz. Nach der Psychoanalyse ist nicht einmal das Unbewußte als Heimat brauchbar, nach der modernen Kunst auch nicht die »Tradition«, nach der modernen Biologie kaum noch das »Leben«. Ins Spektrum dieser Durchbrüche zur apatridischen Existenz gehört, nach Hiroshima, die er-

10 Ken Alibek & Stephen Handelman, Biohazard. The Chilling True Story of the Largest Covert Biological Weapons Program in the World – Told from the Inside by the Man Who Ran it, New York 1999, S. 25-28

zwungene Offenbarung der radiophysikalischen und elektromagnetischen Dimensionen der Atmosphäre und der hiervon bedingte Übertritt der Kulturteilnehmer in strahlentechnisch überwachte Aufenthaltsformen. Dieser Situation setzte der mit Heideggers Werk vertraute Physiker Carl Friedrich von Weizsäcker ein Denkmal, als er auf dem Höhepunkt des nuklearen Wettrüstens zwischen den USA und der Sowjetunion während der siebziger Jahre im Garten seines Hauses bei Starnberg demonstrativ einen Strahlenschutzbunker errichten ließ.

Man darf bezweifeln, ob Heideggers evokative Rede vom »Wohnen« des Menschen in einer es ermöglichenden und berufenden »Gegend« das letzte Wort in Fragen der unter Explikationszwang geratenen Existenz und ihres Selbstgestaltungsauftrags bleiben kann; denn als der Philosoph das besonnene Wohnen in der »Gegend« lobte, sprang er etwas zu schnell voraus zu dem Ideal eines wieder ganz machenden, alt- und neu-implizierenden Raums.[11] »Gegend« lautet bei ihm der Name eines ausgezeichneten Orts, von dem nicht leicht zu sagen ist, wie man zu ihm gelangen könnte, wenn man nicht bereits an ihm wäre; er ist ein Ort, über den die Explikation hinweggegangen ist, als gälte sie nur anderswo; ein Ort, der vom kalten Wind des Außen, dem Standortrisiko Modernisierung, berührt worden und gleichwohl Heimat geblieben wäre. Seine Bewohner wüßten zwar, daß die Wüste wächst, und dürften sich dennoch, gerade dort, wo sie sind, einer wundersam immunisierenden »Weite und

11 Vgl. Werner Marx, Der »Ort« für das Maß – die Verwindung des Subjektivismus, in: ders., Gibt es auf Erden ein Maß? Grundbestimmungen einer nichtmetaphysischen Ethik, Hamburg 1983, S. 63-85

Weile«[12] verpflichtet fühlen. Man mag da von hoher Idyllik reden. Dem Wort von der »Gegend« kann man, bei all seiner Vorläufigkeit und seinen provinziellen Konnotationen zum Trotz, eine hinweisende Kraft auf die therapeutische Dimension in der Raumbildungskunst nach den explizierenden Katastrophen nicht absprechen.[13] Was ist Therapeutik anderes als das Verfahrenswissen und die Wissenskunst von der Neu-Einrichtung menschengerechter Maßverhältnisse nach dem Einbruch des Maßlosen – subtile Baukunst für Lebensräume nach der Demonstration des Unlebbaren? Was uns an dieser Stelle zu Heidegger in Gegensatz bringt, ist die historisch gewachsene und theoretisch stabilisierte Überzeugung, daß auch »gegend«- und heimathafte Verhältnisse im Zeitalter der Hintergrundexplikation, wo sie lokal und widerruflich noch gelingen, nicht nur als Gaben des Seins hingenommen werden können, sondern von einem hohen Aufwand an formalem Design, technischer Herstellung, juristischer Betreuung und politischer Gestaltung abhängen.[14]

In diesen Hinweisen auf die vom Gaskrieg in Gang gesetzte (und von Industriesmog etc. verstärkte) Entfaltung der Frage nach den Bedingungen der Atembarkeit von Luft, auf die gasterroristischen und thermoterroristi-

12 M. H., Zur Erörterung der Gelassenheit. Aus einem Feldweggespräch über das Denken, 1944-45, in: Ges. Werke 13, S. 47

13 Am positiven Gehalt des Begriffs »Wohnen« hat Hermann Schmitz in seiner Doktrin von den »einbettenden Situationen« angeknüpft; vgl. H. S., Adolf Hitler in der Geschichte, Bonn 1999

14 Hiervon handeln die raum- und architekturtheoretischen Kapitel von Sphären III, Schäume, voraussichtlich Frankfurt/M. 2003

schen Zuspitzungen des Zweiten Weltkriegs und die explosive Offenlegung der radiologischen Hintergrunddimension menschlichen In-der-Welt-Seins, die seit den Ereignissen von Hiroshima und Nagasaki dauerthematisch festgehalten werden muß, beschreiben wir einen historischen Bogen zunehmender Ausdrücklichkeit in der Problematisierung des menschlichen Aufenthalts in Gas- und Strahlenmilieus. Mit einer retrospektiven Betrachtung wie der hier versuchten darf nicht die Unterstellung verbunden werden, die Geschichte der Atmosphärenexplikation durch die Perfektionierung der Kernwaffen sei während des Kalten Kriegs zu einem Ende gekommen. Seit dem Verschwinden der Sowjetunion hat die letzte verbliebene Weltmacht ein Monopol erworben, das von 1915 bis 1990 elaborierte Kontinuum des Atmoterrorismus in noch explizitere und in diesem Sinn monströsere Dimensionen auszubauen. Das Ende des Kalten Kriegs mag ein vorläufiges Abklingen der nuklearen Einschüchterung mit sich gebracht haben; was die Einbeziehung von bislang unentfalteten klimatischen, radiophysikalischen und neurophysiologischen Hintergrunddimensionen in explizierende militärische Projekte der Weltmacht angeht, bedeutet die Schwelle der neunziger Jahre eher einen Neubeginn. Von diesem Zeitpunkt an vollzieht sich, von der Öffentlichkeit weitgehend unbemerkt, der Sprung auf eine bisher nicht für möglich gehaltene Stufe der Eskalation atmoterroristischer Eingriffschancen.

In einem am 17. Juni 1996 präsentierten und ungeachtet der sensitiven Thematik zur Freigabe für die Öffentlichkeit genehmigten Papier des *Department of Defense* haben sieben Offiziere einer wissenschaftlichen Forschungsabteilung des Pentagons Umrisse einer künftigen Ionosphärenkriegführung erläutert. Das Projektpapier, vorgestellt unter dem Titel: »Wetter als Kampfkraftmultiplikator: Wetterherrschaft im Jahr 2025« (*Weather as a Force Multiplier: Owning the Weather in 2025*), wurde im Auftrag des Air-Force-Generalstabs verfaßt mit der Direktive, Bedingungen zu nennen, unter denen die Vereinigten Staaten im Jahr 2025 ihre Rolle als dominierende Luft- und Raumwaffenmacht behaupten können. Die Autoren des Papiers gehen davon aus, daß es in dreißigjähriger Entwicklungszeit gelingen wird, die Ionosphäre als eine der für menschliche Wahrnehmung unsichtbaren Komponenten der äußeren physikalischen Erdhüllen in kriegsrelevanter Weise beherrschbar zu machen, vor allem durch die willkürliche Produktion und Beseitigung von gewittrigen Wetterverhältnissen, die dem Besitzer der Ionosphärenwaffe die Schlachtfeldkontrolle (*battlefield dominance*) garantieren. Die Wetterwaffe umgreift nach jetzigen Antizipationen unter anderem: die Aufrechterhaltung oder Trübung von Sicht im Luftraum; Hebung und Senkung des *comfort level* (der Moral) von Truppen; Gewitterverstärkung und Gewittermodifikation; Verweigerung von Regenfällen über gegnerischen Territorien und Herstellung künstlicher Trockenheit; Abfangen und Verhinderung feindlicher Kommunikation und Unterbindung analoger Wetteraktivitäten des Feindes. Mit dem Explizitmachen dieser neuen Parameter für operative Zugriffe von Militärs auf das *battlespace environment* wird heute schon dem möglichen künftigen Stand des Schlachtfelddesigns (*battlefield shaping*) und der Schlachtfeldwahrnehmung (*battlefield awareness*)

Rechnung getragen. In der Zusammenfassung des Papiers heißt es darum:

> »Als eine mit hohem Risiko und hohen Belohnungen versehene Bemühung stellt uns Wettermodifikation vor ein Dilemma, das dem der Atomspaltung ähnlich ist. Solange einige Teile der Gesellschaft ständig unwillens sein werden, strittige Themen wie Wettermodifikation zu prüfen, werden die enormen (*tremendous*) militärischen Möglichkeiten, die sich auf diesem Gebiet ergeben könnten, in für uns selbst gefahrenträchtiger Weise ignoriert.«

Mit diesem Hinweis geben die Autoren des Wetterkrieg-Papiers nicht nur zu verstehen, daß sie die Entwicklung solcher Waffen auch gegen die öffentliche Meinung befürworten; sie ordnen sich in ein kulturelles Environment ein, das einen einzigen Kriegstypus zu antizipieren fähig ist – die militärische Auseinandersetzung der USA mit Schurkenstaaten bzw. mit »Einzelgänger«staaten, die militärische oder terroristische Aktionen gegen den zivilisatorischen Komplex des »Westens« dulden oder unterstützen. Allein in diesem Kontext ist die Werbung für eine zukünftige meteorologische Waffe und den Eintritt in eine Eskalation atmoterroristischer Praktiken kompatibel mit einer hoch verrechtlichten und von extremer Empfindlichkeit für Begründungspflichten geprägten Kultursituation. In die Prämissen der Wetterwaffenforschung ist eine stabile moralische Asymmetrie zwischen der US-Kriegführung und jeder potentiellen Nicht-US-Kriegführung eingebaut: unter keinen anderen Umständen wäre die Investition öffentlicher Mittel in die Konstruktion einer technologisch asymmetrischen Waffe von evidenter terroristischer Qualität zu rechtfertigen. Um den Atmoterrorismus in seiner avanciertesten Form demokratisch zu legitimieren, ist ein Feindbild vorauszusetzen, das den Einsatz von geeigneten Mitteln zu seiner ionosphärischen Sonderbehandlung plausibel macht. Im *American way of war* schließt die Bekämpfung des Feindes seine Bestrafung ein, weil nur noch manifeste Verbrecher als Träger von bewaffneten Unfreundlichkeiten gegen die Vereinigten Staaten vorgestellt werden können. Dieser Standard gilt im übrigen seit dem Kalten Krieg, in dem Moskau hartnäckig als »Weltbasis des Terrorismus« bezeichnet wurde.[15] Daher wird die Kriegserklärung durch einen Haftbefehl gegen den Feind ersetzt. Wer die Interpretationshoheit besitzt, die Kämpfer für eine fremde Sache zu Terroristen zu deklarieren, verschiebt die Terrorwahrnehmung systematisch von der Ebene der Methoden auf die der gegnerischen Gruppe und kann sich dadurch selbst aus der Bildfläche zurückziehen. Von da an werden Kriegführung und standrechtlicher Prozeß ununterscheidbar. Die vorweggenommene Justiz des Siegers vollzieht sich als Rüstungsforschung gegen den Feind von morgen und übermorgen.

Über das deklarierte Interesse an der Wetterwaffe hinaus arbeiten die USA seit 1993 an einem Programm zur Erforschung der Aurora, dem *High-frequency Active Auroral Research Programm*, HAARP, aus dem die wissenschaftlichen und technologischen Prämissen einer potentiellen Super-Wellenwaffe abgeleitet werden könnten.

15 Vgl. John Berger, Das Sichtbare und das Verborgene. Essays (englisch: The Sense of Sight, 1985), Frankfurt/M. 1999, S. 300

Die Befürworter des Projekts kehren seinen zivilen Charakter hervor, etwa seine mögliche Eignung, die defekte Ozonschicht zu rekreieren und Wirbelstürmen vorzubeugen, indessen seine – noch nicht zahlreichen – Kritiker in solchen Auskünften die typische Camouflage von Militärvorhaben höchster Geheimhaltungsstufe erkennen.[16] Das HAARP-Projekt stützt sich auf eine riesige Forschungsanlage in Gakona, South Central Alaska, circa 300 Kilometer nordwestlich von Anchorage, bestehend aus einer großen Zahl von Antennen, die hochenergetische elektromagnetische Felder erzeugen und in die Ionosphäre abstrahlen. Deren Reflektor- und Resonanz-Wirkung soll dazu verwendet werden, diese Energiefelder über beliebigen Punkten auf der Erdoberfläche zu fokussieren. Aus Strahlenemissionen dieser Art könnte sich eine quasi grenzenlos wirksame Energieartillerie ergeben. Die technischen Prämissen dieser Anlage gehen auf Ideen des Erfinders Nicola Tesla (1856-1943) zurück, der schon um 1940 die US-amerikanische Regierung auf die militärischen Möglichkeiten einer Tele-Energiewaffe aufmerksam gemacht hatte. Ein System dieser Art wäre hypothetisch imstande, gewaltige physikalische Wirkungen hervorzurufen – bis hin zur Auslösung von Klimakatastrophen und Erdbeben in ausgewählten Zielgebieten. Einige Beobachter bringen erratisch aufgetretene Schneestürme und Nebel in Arizona und andere unerklärliche Wetterphänomene mit den Tests der Anlage in Alaska in Zusammenhang. Da aber ELF-Wellen (*Extremely Low Frequencies*) oder Infraschallwellen nicht nur

16 Vgl. Jeane Manning & Nick Begich, Löcher im Himmel. Der geheime Ökokrieg mit dem Ionosphärenheizer HAARP, Frankfurt/M. 1996

auf anorganische Materie, sondern auch auf lebende Organismen Einfluß nehmen, insbesondere auf das menschliche Gehirn, das in tiefen Frequenzbereichen arbeitet, ergeben sich bei HAARP Aussichten auf die Produktion einer quasi neurotelepathischen Waffe, die menschliche Populationen durch Fernangriffe auf ihre zerebrale Funktionen destabilisieren könnte.[17] Es versteht sich von selbst, daß eine Waffe dieses Typs selbst in spekulativer Form nur konzipiert werden kann, wenn das moralische Gefälle zwischen den Gehirnen, die sie entwickeln, und den Gehirnen, die mit ELF-Wellen bekämpft werden sollen, für die Gegenwart völlig eindeutig scheint und für die Zukunft stabil gehalten werden kann. Sie ließe sich – selbst wenn es sich um eine nicht-letale Waffe handelte – ausschließlich gegen das schlechthin Fremde oder das absolut Böse und seine menschlichen Inkarnationen einsetzen. Nicht auszuschließen ist jedoch, daß die Mitwirkung an solchen Forschungsunternehmen *per se* moralische Komplikationen mit sich bringt, die für die Feststellung eines Gefälles dieser Art ruinös sind. Wenn die Unterscheidung von Schurkengehirnen und Nicht-Schurkengehirnen problematisch wird, könnte die Herstellung einer Wellenwaffe gegen eine Seite dieser Differenz sich – wie schon bei den Atomwaffen – auch für die andere Seite durch Selbstbezug verhängnisvoll auswirken.

Man mag die Erwähnung solcher Aussichten für surrealistisch halten; sie ist nicht surrealistischer, als Ankündigungen einer Gaswaffe vor 1915 und einer Atomwaffe

17 Ibid., S. 231 ff.

vor 1945 es gewesen wären. Die meisten Menschen der westlichen Hemisphäre hätten vor dem Beweis durch das Ereignis die Entwicklung der Kernwaffen als eine Art von Okkultismus im Gewand von Naturwissenschaft abgetan und ihr für die reale Dimension jede Plausibilität abgesprochen. Der surreale Effekt des Realen vor der Publikation gehört zu den Nebenwirkungen der voranschreitenden Explikation, die seit ihrem Beginn die Gesellschaften spaltet in eine kleinere Gruppe von Personen, die als Denker, Operateure und Opfer am Durchbruch ins Explizite teilnehmen, und eine andere, weitaus größere Gruppe, die auf dem Standpunkt des Daseindürfens im Impliziten *ante eventum* beharrt und allenfalls nachträglich und punktuell auf Explikationen reagiert. Die öffentliche Hysterie ist die demokratische Antwort auf das Explizite nach seinem Unleugbarwerden.

Der alltägliche Aufenthalt in der Latenz wird zunehmend unruhig. Zwei Arten von Schläfern treten in Erscheinung – Schläfer im Impliziten, die weiter nach Geborgenheit durch Nichtwissen suchen, und Schläfer im Expliziten, die wissen, was an der Front geplant ist, und auf den Einsatzbefehl warten. Die atmoterroristische Explikation reißt die Bewußtseine in ein und derselben Kulturpopulation (ob man sie Volk oder Bevölkerung nennt, ist längst gleichgültig) so weit auseinander, daß sie *de facto* nicht mehr in derselben Welt leben und nur der staatsbürgerlichen Form nach noch eine gemeinsame Gesellschaft bilden. Sie macht die einen zu Mitarbeitern der Explikation und damit – an ständig wechselnden Frontabschnitten – zu Agenten eines strukturellen, wenn auch nur selten aktuellen Terrors gegen die Hintergrundbedingungen aus Natur und Kultur, während die anderen – in innere Aborigines, in Regionalisten und freiweillige Kuratoren der eigenen Unzeitgemäßheit verwandelt – in tatsachenfreien Reservaten den Vorteil pflegen, an Weltbildern und symbolischen Immunverhältnissen des Latenzzeitalters festhalten zu dürfen.

3 Air/Condition

Unter den Offensiven der ästhetischen Moderne hat die des Surrealismus wie keine andere die Einsicht zugespitzt, daß das Hauptinteresse der Gegenwart der Explikation der Kultur gelten muß, vorausgesetzt wir verstehen unter Kultur den Inbegriff der symbolbildenden Mechanismen und kunstschaffenden Verfahren. Der Surrealismus folgt dem Imperativ, im Modernisierungsfeldzug die symbolischen Dimensionen zu besetzen. Es ist sein erklärtes und unerklärtes Ziel, schöpferische Prozesse explizit zu machen und ihre Quellgebiete nach Möglichkeit technisch aufzuschließen. Umstandslos führt er dazu den Fetisch der Epoche, den alles legitimierenden Begriff »Revolution«, ins Feld. Aber wie schon im politischen Raum (wo es *de facto* nie um eine reale »Drehung« im Sinn einer Umkehrung von Oben und Unten ging, sondern um die Proliferation von Spitzenpositionen und ihre Neubesetzung durch Vertreter offensiver Mittelschichten – was im Realen nicht ohne eine partielle Transparentmachung der Machtmechanismen, sprich Demokratisierung, und selten ohne eine anfängliche Phase offener Gewalt von unten zu haben war) ist auch im kulturellen Feld die Fehlbezeichnung der Vorgänge evident; denn hier ging es gleichfalls zu keiner Zeit um »Umwälzung« im präzisen Wortsinn, vielmehr ausschließlich um die Neuverteilung der symbolischen Hegemonie – was einer gewissen Offenlegung der künstlerischen Verfahren bedurfte und eine Phase der Barbarismen und Bilderstürme zur Voraussetzung hatte. Im kulturellen Bereich ist »Revolution« eine Deckbezeichnung für »legtime« Gewalt gegen die Latenz. Sie inszeniert den Bruch der ihrer Verfahren gewissen neuen Operateure mit den Holismen und Gemütlichkeiten bürgerlicher Kunstsituationen.

Die Erinnerung an eine der bekanntesten Szenen aus der surrealistischen Offensive mag den Parallelismus zwischen den atmoterroristischen Explikationen des Klimas und den kultur»revolutionären« Schlägen gegen die Mentalität eines bürgerlichen Kunstpublikums erläutern. Am 1. Juli 1936 hielt Salvador Dalí, der am Beginn seiner Karriere als selbsternannter Botschafter aus dem Reich des Surrealen stand, in den New Burlington Galleries von London anläßlich der *International Surrealist Exhibition* einen Performance-Vortrag, in dem er mit Blick auf sein eigenes Exponat die Prinzipien der von ihm entwickelten »paranoisch-kritischen Methode« darzulegen vorhatte. Um seinem Publikum schon durch sein Auftreten klarzumachen, daß er als Vertreter eines radikalen Anderswo und im Namen des Anderen zu ihm rede, hatte Dalí beschlossen, für seine Ansprache einen Taucheranzug anzulegen; nach dem Bericht des Londoner *Star* vom 2. Juli war über dem Helm ein Autokühler angebracht; der Künstler trug zudem eine Billardqueue in der Hand und ließ sich von zwei großen Hunden begleiten.[1] In seiner Selbstdarstellung *Comment on devient Dalí* hat der Ak-

1 Vgl. Ian Gibson, Salvador Dalí. Die Biographie, Stuttgart 1998, S. 378

tionist eine Version des Zwischenfalls erzählt, der sich aus dieser Idee ergab.

»Ich hatte beschlossen, anläßlich der Ausstellung eine Rede zu halten, jedoch in einem Taucheranzug, um das Unterbewußtsein zu versinnbildlichen. Man steckte mich also in meine Rüstung und zog mir sogar Schuhe mit Bleisohlen an, die es mir unmöglich machten, die Beine zu bewegen. Man mußte mich auf das Podium tragen. Dann setzte man mir den Helm auf und verschraubte ihn. Ich begann hinter dem Glas des Helms mit meiner Rede – vor einem Mikrophon, das offensichtlich gar nichts aufnehmen konnte. Meine Mimik faszinierte jedoch das Publikum. Bald aber rang ich mit offenem Mund nach Luft, mein Gesicht lief erst rot und dann blau an, und ich verdrehte die Augen. Offenbar hatte man (sic!) vergessen, mich an ein Luftversorgungssystem anzuschließen, und ich war dem Erstikken nahe. Der Spezialist, der mich ausgerüstet hatte, war verschwunden. Ich gab meinen Freunden durch Gebärden zu verstehen, daß meine Lage kritisch wurde. Einer holte eine Schere und versuchte vergeblich, den Anzug aufzustechen, ein anderer wollte den Helm abschrauben. Da es ihm nicht gelang, begann er mit einem Hammer auf die Schrauben zu schlagen ... Zwei Männer versuchten, mir den Helm abzureißen, ein dritter schlug weiter auf das Metall, daß ich fast die Besinnung verlor. Auf dem Podium herrschte nur noch ein wildes Handgemenge, aus dem ich ab und zu hervortauchte wie ein Hampelmann mit ausgerenkten Gliedern, und mein Kupferhelm tönte wie ein Gong.

Da klatschte das Publikum Beifall zu diesem gelungenen Dalíschen Mimodrama, das in seinen Augen zweifellos darstellte, wie das Bewußte des Unbewußten habhaft zu werden versucht. Ich aber wäre an diesem Triumph beinahe gestorben. Als man mir den Helm endlich herrunterriß, war ich so bleich wie Jesus, als er nach vierzigtägigem Fasten aus der Wüste zurückkehrte.«[2]

Die Szene macht zwei Dinge klar: Der Surrealismus ist ein Dilettantismus, wo er technische Objekte nicht zu ihren eigenen Bedingungen einsetzt, sondern für symbolistische Draperien verwendet; nichtsdestoweniger ist er ein Teil der explizitivistischen Bewegung der Moderne, weil er sich unmißverständlich als latenzbrechendes und hintergrundauflösendes Verfahren vorstellt. Einen wichtigen Aspekt der Hintergrundauflösung im kulturellen Feld bildet der Versuch, den Konsensus zwischen der produzierenden und der rezipierenden Seite im Kunstbetrieb zu zerstören, um die radikale Eigenwertigkeit der Zeige-Ereignisse freizusetzen und die Absolutheit der Produktion wie den Eigenwert der Rezeption zu explizieren. Solche Interventionen haben Kampfwert als antiprovinzielle und anti-kulturnarzißtische Aufklärungen. Nicht umsonst haben die Surrealisten in der Frühphase ihrer Angriffswelle die Kunst des Bürgerverblüffens als eine Aktionsform *sui generis* ausgebildet, zum einen, weil dies den Innovatoren half, Ingroup von Outgroup zu unterscheiden, zum anderen, weil der Protest der Öffentlichkeit als Zeichen für Erfolg bei der Zerlegung des

2 S. D., Dalí, übersetzt von Franz Meyer, Rastatt 1988, S. 229-230.

tradierten Systems gewertet werden konnte. Wer den Bürger skandalisiert, bekennt sich zum progressiven Ikonoklasmus. Er setzt den Terror gegen Symbole ein, um exmystifizierte Latenzpositionen zu sprengen und mit expliziteren Techniken zum Durchbruch zu kommen. Die Prämisse der symbolischen Aggression liegt in der legitimen Annahme, daß die Kulturen allzu viele Leichen im Schrank haben und daß es an der Zeit ist, die latenzgeschützten Zusammenhänge zwischen Rüstung und Erbauung aufzusprengen. Wenn die frühen Avantgarden dennoch einem Trugschluß erlagen, zeigte sich dieser darin, daß das zu erschreckende Bürgertum seine Lektion immer viel schneller lernte, als irgendeiner der ästhetischen Schreckensmänner vorhersah. Nach wenigen Durchgängen der Partie zwischen den Provokateuren und den Provozierten mußte eine Situation eintreten, in der das massenkulturell gelockerte Bürgertum bei der Explizitmachung von Kunst, Kultur und Bedeutsamkeit durch Marketing, Design und Autohypnose die Führung übernahm, während die Künstler oft nur noch formal weiter schreckten, ohne zu merken, daß die Zeit dieses Mittels abgelaufen war. Andere unterlagen einer neoromantischen Wende und paktierten wieder mit der Tiefe. Bald schienen viele der Modernen den von Hegel gefaßten Grundsatz moderner Philosophie vergessen zu haben, der analog für ästhetische Produktionen gilt: daß Tiefe eines Gedankens sich allein durch die Kraft zur Ausführlichkeit bemißt – andernfalls bleibt Tiefe nur ein leeres Symbol für unbewältigte Latenz.

Diese Befunde lassen sich an Dalís mißlungener und eben dadurch informativer Performance überprüfen: Sie beweist zum einen, daß die Zerstörung des Konsensus zwischen dem Künstler und dem Publikum nicht gelingen kann, sobald letzteres die neue Regel verstanden hat, nach welcher die Ausweitung des Werks auf die Umwelt des Werks selbst wieder als Werkform zu rezipieren ist. Der begeisterte Beifall, der Dalí in den New Burlington Galleries gespendet wurde, illustrierte, wie konsequent das informierte Publikum sich an die neuen Kunstwahrnehmungsverträge hielt. Zum anderen zeigte die Szene den Künstler als Latenzbrecher, der dem profanen Volk eine Botschaft aus dem Reich der Andersheit übermittelt. Dalís Funktion in diesem Spiel zeichnete sich durch eine Zweideutigkeit aus, die einiges über sein Schwanken zwischen Romantik und Sachlichkeit aussagt: einerseits empfiehlt er sich als Technologe des Anderen, weil er in seinem nicht überlieferten, jedoch aus dem Titel des Vortrags: *Authentische paranoische Phantasien* leicht erschließbaren Redetext von einer präzisen Methode zu handeln vorhatte, die den Zugang zum »Unterbewußten« beherrschbar machte – jener paranoisch-kritischen Methode, mit der Dalí förmliche Anweisungen zur »Eroberung des Irrationalen«[3] formulierte. Er bekannte sich zu einer Art von Fotorealismus in bezug auf irrationale innere Bilder: Mit altmeisterlicher Genauigkeit sollte objektiviert werden, was sich in Träumen und Delirien präsentiert hatte. Bereits zu dieser Zeit begriff er seine Arbeit als eine Parallelaktion der Kunst zu der sogenannten

3 S. D., La Conquête de l'Irrationnel, 1935, deutsch in: ders., Unabhängigkeitserklärung der Phantasie und Erklärung der Rechte des Menschen auf seine Verrücktheit. Gesammelte Schriften, München 1974, S. 268-279

»Entdeckung des Unbewußten durch die Psychoanalyse« – einem Wissenschaftsmythos, der in den zwanziger und dreißiger Jahren von den ästhetischen Avantgarden wie vom Bildungspublikum vielfältig rezipiert wurde (und den Lacan zwischen den fünfziger und siebziger Jahren noch einmal zu Ansehen brachte, indem er die surrealistische Vortragsform für eine »Rückkehr zu Freud« reanimierte). In dieser Perspektive reiht sich der Surrealismus in die Manifestationen der operativistischen »Revolution« ein, die das kontinuierliche Vorrücken der Modernisierung trägt. Andererseits hielt Dalí dezidiert antikritisch an der romantischen Konzeption des Botschafter-Künstlers fest, der als Delegierter eines sinnschwangeren Jenseits unter den Unerleuchteten wandelt. In dieser Attitüde verrät er sich als herrischer Amateur, der sich der Illusion hingibt, anspruchsvolles technisches Gerät für die Artikulation von metaphysischem Kitsch einsetzen zu können. Hierfür ist die Benutzerhaltung typisch, die kindlich die technische Seite der eigenen Performance Spezialisten überläßt, von deren Kompetenz man sich nicht überzeugt hat; auch daß die Szene nicht geprobt war, verrät das schlecht literarische Umgehen des Künstlers mit technischen Strukturen.

Nichtsdestoweniger weist Dalís Wahl seiner Montur einen luziden Aspekt auf; sein Unfall ist prophetisch – nicht nur hinsichtlich der Zuschauerreaktionen, die den Applaus für Nichtverstandenes als neuen Kulturhabitus ankündigten. Daß sich der Künstler zu seinem Auftritt als Botschafter aus der Tiefe einen auf künstliche Luftzufuhr ausgelegten Taucheranzug ausgesucht hatte, bringt ihn treffsicher in einen Zusammenhang mit der Entfaltung des Atmosphärenbewußtseins, das, wie wir hier zu zeigen versuchen, im Zentrum der Selbstexplikation der Kultur im 20. Jahrhundert steht. Auch wenn der Surrealist nur bis zu einer halbtechnischen Auslegung des Welt- und Kulturhintergrunds als »Meeres des Unterbewußten« gelangt, postuliert er doch schon eine Kompetenz, in diesem Raum mit förmlich ausgebauten Prozeduren zu navigieren. Seine Performance macht augenfällig, daß bewußte Existenz in dieser Zeit als ein explizites Kontexttauchen gelebt werden muß. Wer sich in der Multi-Milieu-Gesellschaft aus dem eigenen Lager herauswagt, hat sich seiner »Tauchausrüstung«, das heißt seines physischen wie mentalen Immunsystems, gewiß zu sein. Der Unfall ist nicht allein aufs Konto des Dilettantismus zu setzen, er legt auch die systemischen Risiken der Atmosphärenexplikation und der technischen Erzwingung des Zugangs zum anderen Element offen – genauso wie das Risiko der Vergiftung eigener Truppen im Gaskrieg von den Aktionen des militärischen Atmoterrorismus untrennbar war. Wenn Dalís Darstellung des Zwischenfalls zutrifft, so fehlte nicht viel dazu, daß er als Märtyrer von Tauchgängen im Symbolischen in die Kulturgeschichte der Moderne eingegangen wäre.

Unter den gegebenen Bedingungen bewährte sich der Unfall als Produktionsform, sofern er im Künstler die Panik freisetzte, die seiner Arbeit von jeher als Antrieb inhärent war. Bei dem mißglückten Versuch, das »Unterbewußte« als navigable Zone darzustellen, brach genau jene Vernichtungsangst in den Vordergrund durch, zu deren Beherrschung und Verdrängung der ästhetische Explikationsprozeß in Gang gesetzt wird. Um verallgemeinernd zu reden: Das kontraphobische Experiment der Modernisierung kann sich von seinem Angsthintergrund nie wirklich emanzipieren, weil dieser erst erscheinungsfähig würde, wenn die Angst als sie selbst in die Existenz eingelassen werden dürfte – was nach der Natur der Dinge die ausgeschlossene Hypothese darstellt. Die Moderne als Hintergrundexplikation bleibt somit im Zirkel einer Angstüberwindung durch Technik, die Angst erzeugt, gefangen. Die primäre wie die sekundäre Angst liefern den immer erneuten Schub für den Fortgang des Prozesses; ihre Dringlichkeit rechtfertigt auf jeder Stufe der Modernisierung den Einsatz von weiterer latenzbrechender und hintergrundkontrollierender Gewalt – oder nach den herrschenden Sprachregelungen: sie fordert Grundlagenforschung und Innovation in Permanenz.

Die ästhetische Moderne ist ein Verfahren der Gewaltanwendung weder gegen Personen noch Sachen, sondern gegen ungeklärte Kulturverhältnisse. Sie organisiert eine Welle von Anschlägen gegen die ganzheitlichen Attitüden vom Typus Glaube, Liebe, Biedersinn und gegen pseudoevidente Kategorien wie Form, Inhalt, Bild, Werk und Kunst. Ihr *modus operandi* ist der Lebendversuch an den Benutzern dieser Begriffe. Der aggressive Modernismus bricht konsequenterweise mit der Ehrfurcht vor den Klassikern, in der sich, wie er mit hoher Aversion bemerkt, zumeist ein vager Holismus manifestiert – verbunden mit einer Neigung, sich weiter an ein in seiner Unerklärtheit und Unentfaltetheit belassenes Totum anzulehnen. Aus seinem geschärften Willen zur Explizitheit erklärt der Surrealismus der Durchschnittlichkeit den Krieg: Er erkennt in ihr das opportune Versteck für die antimodernen Trägheiten, die sich der operativen Entfaltung und rekonstruktiven Offenlegung eingefalteter Vorgaben widersetzen. Weil in diesem Mentalitätskrieg Normalität als Verbrechen gilt, kann sich die Kunst als Medium der Verbrechensbekämpfung auf ungewöhnliche Einsatzbefehle berufen. Als Isaac Babel erklärte: »die Banalität ist die Gegenrevolution«, hatte er auch mittelbar das Prinzip der »Revolution« ausgesprochen: Der Einsatz von Schrecken als Gewalt gegen die Normalität sprengt die ästhetische wie die soziale Latenz und hebt Gesetze an die Oberfläche, nach denen Gesellschaften und Kunstwerke konstruiert werden. Die permanente »Revolution« will den permanenten Schrecken. Sie postuliert eine Gesellschaft, die sich immer von neuem als eine erschreckbare und revidierbare bewährt. Die neue Kunst ist von der Erregung des Neuesten vollgesogen, weil sie terrormimetisch und kriegsanalog auftritt – oft ohne sagen zu können, ob sie dem Krieg der Gesellschaften den Krieg erklärt oder Krieg in eigener Sache führt. Der Künstler steht ständig in der Entscheidung, ob er als Retter der Differenzen oder als Warlord der Innovation gegen die Öffentlichkeit vorrückt. Angesichts dieser Ambivalenz in der modernistischen Aggression hatte die sogenannte Postmoderne nicht ganz unrecht, wenn sie sich als gegenexplizite und gegenextremistische Reaktion auf den ästhetischen und analytischen Terrorismus der Moderne bestimmte.

Wie jeder Terrorismus greift auch der ästhetische auf den unmarkierten Hintergrund zurück, vor dem sich Kunstwerke artikulieren, und bringt ihn auf der Vorderbühne als eigenwertiges Phänomen zur Erscheinung. Der Prototypus moderner Malerei dieser Tendenz, Kasimir

Malewitschs *Schwarzes Quadrat* von 1913, verdankt seine unausschöpfliche Interpretierbarkeit dem Entschluß des Künstlers, den Bildraum zugunsten der puren dunklen Fläche zu evakuieren. Dadurch wird deren Quadrat-Sein selbst zu der Figur, der sie in anderen Bild-Situationen als Träger hinterlegt ist. Der Skandal des Kunstwerks besteht unter anderem darin, daß es sich weiter als Gemälde eigenen Rechts behauptet und keineswegs nur die leere Leinwand als eine Sehenswürdigkeit ausgibt, wie es im Kontext dadaistischer Kunstverhöhnungsaktionen vorstellbar gewesen wäre. Mag sein, daß das Bild als eine minimal unregelmäßige, dadurch der Sinnlichkeit Tribut zollende platonische Ikone des gleichseitigen Vierecks betrachtet werden kann; aber es ist zugleich die Ikone des Anikonischen oder Präikonischen – des gewöhnlicherweise unsichtbaren Bildhintergrunds. Darum steht das schwarze Quadrat vor einem weißen Grund, der sich quasi als Rahmen um es legt; im *Weißen Quadrat* von 1914 wird auch diese Differenz nahezu aufgehoben sein. Die Grundgeste solcher Form-Darstellungen ist ein Emporheben von Unthematischem ins Thematische. Es werden nicht die möglichen vielfältigen Bildinhalte, die im Vordergrund erscheinen könnten, auf den einen immergleichen Hintergrund herabgesetzt, vielmehr wird der Hintergrund als solcher mit höchster Sorgfalt gemalt und so als Figur des Figurentragenden explizit gemacht. Der Terror der Reinigung ist im Verlangen nach der »Suprematie der reinen Empfindung« unmißverständlich zu bemerken. Das Werk fordert die bedingungslose Kapitulation der Betrachter-Wahrnehmung vor seiner realen Gegenwart.

So deutlich sich der Suprematismus mitsamt seinem Antinaturalismus und Antiphänomenalismus als eine Offensivbewegung an der ästhetischen Flanke der Explikation zu erkennen gibt, bleibt er der idealistischen Annahme verpflichtet, daß Explizitmachen das Zurückführen von sinnlich Vorliegendem auf Geistiges, Nichtvorliegendes bedeute. Er ist an alteuropäische und platonische Vorgaben fixiert, sofern er die Dinge nach oben erklärt und die empirischen Formen auf reine Primärformen hin vereinfacht. Anders verfuhr in diesem Punkt der Surrealismus, der sich eher dem materialistischen Explizitmachen nach unten anschloß – ohne so weit zu gehen, sich Sousrealismus nennen zu lassen. Aber während die materialistische Tendenz für die surrealistische Bewegung eine Koketterie blieb, legte ihre Allianz mit den Tiefenpsychologien, zumal der psychoanalytischen Richtung, einen eigenen Wesenszug offen. Die surrealistische Rezeption der Wiener Psychoanalyse ist einer von zahlreichen Fällen, die belegen, daß der Freudianismus seine Anfangserfolge beim Bildungspublikum wie bei zahlreichen Künstlern nicht als therapeutische Methode errang, von der naturgemäß nur eine sehr kleine Zahl von Personen Kenntnisse aus erster Hand erwarb, sondern als eine Strategie der Zeichendeutung und der Hintergrundmanipulation, die jedem Interessenten eine Anwendung gemäß den eigenen Bedürfnissen freistellte. Ist man nicht stets am meisten angetan von der Analyse, die man nicht gemacht hat?

Der Ansatz Freuds führte zur Ausfaltung eines Latenzbereichs besonderen Typs, der mit einem von der idealistischen Philosophie, namentlich von Schelling,

Schubert, Carus, und den Lebensphilosophien des 19. Jahrhunderts, besonders Schopenhauer und Hartmann, übernommenen Ausdruck »das Unbewußte« genannt wurde; dieser umschrieb eine subjektive Dimension der Unentborgenheit, der inneren Latenzen und der unsichtbar eingefalteten Voraussetzungen für ichhafte Zustände. Nach der Freudschen Redaktion hatte sich der Sinn des Ausdrucks radikal verengt und so weit spezialisiert, daß er zur klinischen Operationalisierung tauglich wurde; er bedeutete jetzt nicht mehr das Reservoir dunkler integrierender Kräfte in einer dem Bewußtsein vorgelagerten, heilmächtigen und bilderschöpferischen Natur, auch nicht den Untergrund aus blind selbstbejahenden Willensströmen unter dem »Subjekt«: er umschrieb einen kleinen inneren Container, der durch Verdrängungen gefüllt und durch den Auftrieb des Zurückgedrängten unter neurotogene Spannung gesetzt wird.[4] Die Begeisterung der Surrealisten für die Psychoanalyse beruhte auf ihrer Verwechslung des Freudschen Begriffs vom Unbewußten mit dem der romantischen Metaphysik. Aus schöpferischer Falschlektüre entsprangen Deklarationen wie Dalís *Unabhängigkeitserklärung der Phantasie und Erklärung der Rechte des Menschen auf seine Verrücktheit* von 1939, in der sich Sätze finden wie dieser: »Ein Mann hat das Recht, Frauen mit ekstatischen Fischköpfen zu lieben. Ein Mann hat das Recht, lauwarme Telefone ekelhaft zu finden und Telefone zu fordern, die so

4 Die philosophischen Quellen des Begriffs des Unbewußten werden vor allem in den Arbeiten von Odo Marquard, Transzendentaler Idealismus. Romantische Naturphilosophie. Psychoanalyse, Köln 1987, und Jean-Marie Vaysse, L'inconscient des modernes. Essai sur l'origine métaphysique de la psychanalyse, Paris 1999, dargestellt.

kalt, grün und aphrodisisch sind wie der von Gesichten heimgesuchte Schlaf der spanischen Fliegen.«[5] Der surrealistische Hinweis auf das Recht, verrückt zu sein, warnt die einzelnen vor ihrer Neigung zur Unterwerfung unter normalisierende Therapien; er will aus gewöhnlich unglücklichen Menschen Monarchisten machen, die ihre eigene Rückkehr aus dem vernunftneurotischen Exil ins Reich des persönlichsten Wahns betreiben.

Wenn Dalís Performance im Juli 1936 damit endete, daß seine Helfer ihm durch das Abreißen des Taucherhelms die Rückkehr in die gemeinsame Luftatmosphäre der Londoner Galerie ermöglichten, so ist für die zivilisatorische Lage im ganzen diese im Einzelfall sinnvolle Lösung unbrauchbar, weil der Prozeß der Atmosphärenexplikation kein Zurück zum bisher implizit Voraussetzbaren erlaubt. Die Verhältnisse technischer Zivilisation lassen es nicht mehr zu, daß wie bei Dalís Experiment das Entscheidende vergessen würde: Menschen, die sich momentan oder habituell in ausgeprägten *indoors*-Situationen aufhalten, müssen an ein unterstützendes »Luftversorgungssystem« angeschlossen werden – es sei denn, sie wären, wie oben an bekannten Fällen erläutert, zu Opfern einer klimatischen Sonderbehandlung geworden. Die fortgeschrittene Atmosphärenexplikation erzwingt eine durchgehaltene Aufmerksamkeit auf die Atembarkeit der Luft – zunächst vor allem im physikalischen Sinn, dann auch zunehmend im Hinblick auf die metaphorischen Dimensionen des Atmens in kulturellen Mo-

5 S. D., a. a. O., S. 290

tivations- und Sorgenräumen. Nach Ablauf des 20. Jahrhunderts gewinnt die Lehre von *homo sapiens* als Zögling der Luft endlich auch pragmatische Konturen. Man beginnt zu verstehen, daß der Mensch nicht nur ist, was er ißt, sondern was er atmet und worin er eintaucht. Kulturen sind kollektive Zustände der Immersion in Luft und Zeichensystemen.

Das Thema der Kulturwissenschaften im Übergang vom 20. zum 21. Jahrhundert lautet also: *Making the air conditions explicit*. Sie betreiben Pneumatologie in empirischer Einstellung. Dieses Programm kann zur Stunde nur rekonstruktiv und sammelnd bearbeitet werden, weil die »Sache selbst«, das Universum der beeinflußten Klimata, der gestalteten Atmosphären, der modifizierten Lüfte und der eingestellten, gemessenen, verrechtlichten Umwelten, nach den sehr weit getriebenen Explikationsschüben im naturwissenschaftlichen, technischen, militärischen, gesetzgeberisch-juristischen, architektonischen und bildnerischen Raum einen kaum noch einholbaren Vorsprung vor der kulturtheoretischen Begriffsbildung erreicht hat. Daher scheint es am sinnvollsten, wenn sich die Kulturtheorie in einer ersten Phase der Selbstvergewisserung an den am weitesten ausgebauten Formen wissenschaftlicher Atmosphärenbeschreibung, an Meteorologie und Klimatologie, orientiert, um sich danach kulturrelevanten und personennäheren Luft- und Klima-Phänomenen zu widmen.

Die moderne Meteorologie (im 17. Jahrhundert von griechisch *metéoros*: »in der Luft schwebend«, entlehnt) – die Wissenschaft der »Niederschläge« und aller sonstigen im Himmel aufblitzenden oder in der Höhe schwebenden Körper – hat durch ihre erfolgreichste publizistische Form, den sogenannten *Wetterbericht* (*informations météorologiques*, *weather news*), den Bevölkerungen moderner Nationalstaaten und politischer Mediengemeinschaften eine historisch neue Konversationsform auferlegt, die man am besten als »klimatologische Lagebesprechung« charakterisieren könnte. Moderne Gesellschaften sind wetterdiskutierende Gemeinschaften in dem Maß, wie ein offizielles Klima-Informationswesen den Bürgern die Themen ihrer Selbstverständigung über die herrschenden Wetterverhältnisse in den Mund legt. Durch mediengestützte Wetterkommunikation verwandeln sich moderne Großkommunen, die viele Millionen Mitglieder umspannen, in dorfartige Nachbarschaften, in denen man sich darüber austauscht, daß es für die Jahreszeit zu heiß, zu kalt, zu regnerisch oder zu trocken ist. Moderne Wetterberichterstattung formt Nationalbevölkerungen zu Zuschauern eines Klima-Theaters, indem sie die Rezipienten dazu anhält, die persönliche Wahrnehmung mit dem Lagebericht zu vergleichen und sich eine eigene Meinung über das laufende Geschehen zu bilden. Indem sie das Wetter als Vorstellung der Natur vor der Gesellschaft beschreiben, versammeln die Meteorologen die Menschen zu einem Publikum von Kennern unter einem gemeinsamen Himmel; sie machen aus jedem einzelnen einen Klimarezensenten, der die aktuellen Darbietungen der Natur nach seinem persönlichen Geschmack bewertet. Strengere Klimakritiker fliegen in Schlechtwetterperioden massenhaft in Regionen, in denen sich mit ausreichender Wahrscheinlichkeit eine beifällig aufnehmbare Vorstellung erwarten läßt – weswegen

Mauritius und Marokko zwischen Heiligabend und Epiphanias von Wetterdissidenten aus Deutschland und Frankreich überschwemmt sind.

Solange die Meteorologie als Naturwissenschaft und nichts anderes auftritt, kann sie es sich erlauben, die Frage nach einem Urheber der Wetter auszublenden. Im reinen Naturkontext aufgefaßt, ist Klima etwas, das sich ausschließlich selber macht und sich unaufhörlich von einem Zustand in den nächsten prozessiert. Dabei genügt es, die wichtigsten Klima-»Faktoren« in ihrer dynamischen Einwirkung aufeinander zu beschreiben: Atmosphäre (Gashülle), Hydrosphäre (Wasserwelt), Biosphäre (Tier- und Pflanzenwelt), Kryosphäre (Eisregion), Pedosphäre (Festland) entwickeln unter dem Einfluß der Sonneneinstrahlung äußerst komplexe Muster des Energieaustauschs, die sich ganz ohne Bezug auf eine anfänglich planende oder nachträglich eingreifende Intelligenz in rein naturwissenschaftlicher Einstellung darstellen lassen.[6] Eine adäquate Analyse dieser Vorgänge erweist sich als so komplex, daß sie einen neuen Typus von Physik erzwingt, die imstande ist, mit unvorhersagbaren Strömungen und »chaotischen« Turbulenzen umzugehen. Auch die chaostheoretisch nachgerüstete Wetterphysik kommt ohne den Rückgang auf eine transzendente Intelligenz aus; sie hat zur Deutung ihrer Daten weder den Weltuhrmacher des Deismus noch einen Weltwettermacher animistischer Provenienz nötig. Sie steht in der Tradition des abendländischen Rationalismus, der zumal vom Beginn

6 Vgl. Thomas E. Graedel/Paul J. Crutzen, Atmosphäre im Wandel. Die empfindliche Lufthülle unseres Planeten, Heidelberg – Berlin – Oxford 1996, S. 3-5

der Neuzeit an jeden überhaupt noch möglichen Gott von der Zuständigkeit für Wetterphänomene beurlaubt und ihn in überklimatische Zonen hinausgehoben hat. Mögen Zeus und Jupiter Blitze geschleudert haben, der Gott der neuzeitlichen Europäer ist ein *deus otious* und *eo ipso* klimainaktiv. Der moderne Wetterbericht kann daher als eine regional-ontologische Disziplin auftreten, in der von Ursachen, aber nicht von Urhebern die Rede ist. Er spricht von dem, was vor aller Rücksicht auf menschliche Belange von sich aus und nach eigenen Bedingungen geschieht, wie es geschieht, und was sich allenfalls als Datum objektiven Ranges in einem subjektiven Medium »spiegelt«.

Nichtsdestoweniger steht die moderne Meteorologie im Bündnis mit einer progressiven Subjektivierung des Wetters – im mehrfachen Sinn: zum einen, weil sie klimatische »Gegebenheiten« immer mehr auf die Stellungnahmen, Berechnungen und Reaktionen von Bevölkerungen bezieht, denen das atmosphärische Umfeld im Blick auf eigene Projekte immer weniger gleichgültig wird; zum anderen, weil das objektive Klima, regional wie global, zunehmend als Effekt der industriegesellschaftlichen Lebensformen beschrieben werden muß. Die beiden Aspekte dieser Ausrichtung des Wetters auf neuzeitliche Menschen als Wetterklienten und Wettermitverursacher greifen sachlich ineinander. Gewiß, aus der Sicht der älteren Tradition müßte die Wetterberichterstattung, wie wir sie kennen, bereits als eine Form von Verführung zur Blasphemie erscheinen, weil sie Menschen zu der Unverfrorenheit aufreizt, eine Meinung zu haben über etwas, worin man sich der metaphysischen Orthodoxie gemäß nur in der Haltung stummer Ergebung fügen dürfte. Für die Alten gilt: Wie Geburt und Tod kommt das Wetter von Gott allein. Gottergebenheit und Wetterergebenheit sind in der Tradition analoge Indizien für die Bemühung des einsichtigen Subjekts um die Minimierung seiner Differenz gegenüber dem Wahren, Grundlegenden und Ersten. Gleichwohl ist die moderne Neigung, eine »Meinung« über das Klima auszubilden, keine bloße Subjektlaune, die von einer gültigen Seinsnorm abweicht und besser unterbleiben sollte; sie spiegelt die Tatsache wider, daß die polytechnisch aktiven europäischen und europiden Kulturen vom frühen 18. Jahrhundert an selbst zu gestaltenden Klimamächten geworden sind. Die Menschen begegnen seither im Wetter, wie indirekt auch immer, den atmosphärisch objektiv gewordenen Auswürfen ihrer eigenen industriell-chemotechnischen, militärischen, lokomotorischen und touristischen Tätigkeiten. In ihrer Summe verändern diese, durch viele Milliarden von Mikro-Emissionen, nicht nur die atmosphärische Energiebilanz, sondern auch die Zusammensetzung und »Stimmung« der Lufthülle im Großen. Die Nötigung, eine Meinung über das Klima zu haben, ist darum nicht so sehr ein Anzeichen für die Machtergreifung einer anthropozentrischen Willkür über alles, was außerhalb ihrer selbst der Fall ist. Sie bereitet den Wandel der Grundhaltung vor, durch den sich die Menschen von vermeintlichen »Herren und Besitzern« der Natur zu Atmosphärendesignern und Klimawärtern umbilden – die man nicht mit Heideggers Hütern des Seins verwechseln sollte.

Die Herausforderung der klimatischen Urteilskraft

von Neuzeitmenschen geht im Makrobereich vor allem von einem Phänomen aus, das in der öffentlichen Debatte als anthropogener Treibhauseffekt bekannt geworden ist. Unter diesem verstehen wir die kumulierten Wirkungen der klima-modifizierenden Emissionen aus menschlichen Kultur- und Techniktätigkeiten, wie dem Betrieb von Kraftwerken, Industrieanlagen, Privatheizungen, Automobilen, Flugzeugen und aus zahllosen anderen Einleitungen von Abgasen und Dämpfen in die Umgebungsluft. Dieser sekundäre Treibhauseffekt, von dem wir in diffuser Weise seit kaum zweihundert Jahren, in expliziter Formulierung seit knapp drei Jahrzehnten Notiz nehmen, ist eine geschichtliche Tatsache, in der sich der Energiekonsum-Stil des »Industriezeitalters« niederschlägt: Er ist die Klimaspur eines zivilisatorischen Projekts, das auf dem erleichterten Zugang zu großen Mengen fossiler Brennstoffe dank Kohlebergbau und Ölförderung[7] beruht. Der Zugriff auf die Fossilenergie ist die objektive Stütze der Frivolität, ohne die es keine globale Konsumgesellschaft, keinen Automobiltourismus, keinen Weltmarkt für Fleisch und Mode gäbe.[8] Bei der Entfaltung der Massennachfrage nach energiereichen Kohlenstoffen wird der »unterirdische Wald« des Erdaltertums in fester und flüssiger Form an die Erdoberfläche gehoben und durch Wärmekraftmaschinen umgesetzt.[9] Infolgedessen spielt das Verbrennungsprodukt Kohlen-

7 Vgl. Günter Barudio, Tränen des Teufels. Eine Weltgeschichte des Erdöls, Stuttgart 2001

8 Vgl. Peter Sloterdijk/Hans-Jürgen Heinrichs, Die Sonne und der Tod. Dialogische Untersuchungen, Frankfurt/M. 2001, S. 320-329

9 Rolf Peter Sieferle, Der unterirdische Wald. Energiekrise und industrielle Revolution, München 1982

dioxid (neben Methan, Kohlenmonoxid, Fluorkohlenwasserstoff, diversen Stickoxiden etc.) quantitativ die wichtigste Rolle bei der Anreicherung der Atmosphäre mit Treibhausfaktoren zweiter Ordnung. Sie verstärken – auf eine aller Wahrscheinlichkeit nach katastrophenträchtige Weise – den primären Treibhauseffekt, von dem die Klimawissenschaft allerdings nie genug betonen kann, daß ohne ihn kein Leben auf der Erde möglich geworden wäre. Wenn die Erde als Parasit der Sonne die Geburtsstätte von Leben wurde – sie zieht nicht ganz ein Milliardstel der von der Sonne abgestrahlten Energie auf sich –, dann deswegen, weil Wasserdampf und Treibhausgase in der Erdatmosphäre die Rückstrahlung der von der Sonne aufgenommenen kurzwelligen Energie in Form von langwelligen Infrarotstrahlungen behindern, wodurch eine mit Leben kompatible Erwärmung der Erdoberfläche auf eine mittlere Temperatur plus 15° Celsius entstehen konnte. Fiele die Wärmefalle aus, durch welche die solare Energie in der Atmosphäre festgehalten wird, würde die Oberflächentemperatur der Erde im Durchschnitt nicht mehr als minus 18° Celcius betragen: »Ohne Treibhauseffekt wäre die Erde eine ausgedehnte Eiswüste.«[10] Was wir als Leben kennen, ist durch den Umstand mitbedingt, daß die Erdoberfläche dank ihres Atmosphäre-Filters um dreiunddreißig Grad über ihren Verhältnissen lebt. Sind Menschen, um noch einmal Herder zu zitieren, Zöglinge der Luft, so waren die Wolken ihre Tutoren. Leben ist ein Nebeneffekt klimatischer Verwöhnung. Die Signatur des Fossilenergie-Zeitalters zeigt sich darin, daß die Ver-

10 Sylvie Joussaume, Klima. Gestern, heute, morgen, Berlin/Heidelberg, 1996, S. 62

wöhnten ihre Verwöhnung aufs Spiel setzen, indem sie das Risiko einer anthropogenen Übererwärmung (nach anders errechneten Prognosen das einer selbstverschuldeten Zwischeneiszeit) eingehen.[11]

Lange bevor makroklimatologische Einsichten dieser Tragweite wissenschaftliche Gestalt und öffentliche Resonanz gewannen, wurde die klimatische Urteilskraft neuzeitlicher Kulturteilnehmer von eher regionalen und kleinräumigen Phänomenen in Anspruch genommen – von der Klimatisierung der Häuser und Wohnungen, die erst durch künstliche Feuerstellen zu konvivialen Wärme-Inseln wurden; von der Kühlwirkung der Keller, die eine Lagerung von Lebensmitteln und Getränken erlaubte; von der miasmischen Luftqualität öffentlicher Räume in der Nähe von Friedhöfen, Schindangern und Kloaken;[12] vom prekären atmosphärischen Zustand zahlreicher Arbeitsstätten wie Webereien, Berggruben und Steinbrüchen, in denen organischer und mineralischer Staub zu schweren Lungenerkrankungen führte. Von diesen Quellbereichen mikroklimatischer Luft-Auffälligkeiten verschiedenster Art aus kam es zwischen dem 18. und dem 20. Jahrhundert zu jener design-gestützten »Entdeckung des Offenkundigen«, durch welche Menschen im Explikationszeitalter motiviert wurden zu einem zweiten Griff nach dem, was auf der Hand liegt. Auf diesen Feldern entwickelten sich die konkreten Atmo-

11 Über technische und mentale Voraussetzungen des Übergangs in eine postfossilenergetische Zivilisation diskutieren Carl Amery/Hermann Scheer, Klimawechsel. Von der fossilen zur solaren Kultur, München 2001.

12 Vgl. den Exkurs Merdokratie in P. Sl., Sphären II, Globen, Frankfurt/M. 1999, S. 340-354.

techniken, ohne welche moderne Existenzformen weder in urbanen noch ländlichen Kontexten vorstellbar wären: der Heizungs- und Lüftungsanlagenbau in Privathäusern und Großarchitekturen; die artifizielle Regelung von Temperatur und Luftfeuchtigkeit in Aufenthaltsräumen und Lagern; die Aufstellung von Kühlschränken in Wohnungen und die Einrichtung von fixen oder mobilen Kühlräumen für die Aufbewahrung und den Transport von Lebensmitteln; die Lufthygienepolitik für Arbeitsplatzumgebungen in Fabriken, Bergwerken und Bürogebäuden[13] und schließlich die aromatechnische Modifikation der Atmosphäre, mit der sich der Übergang ins offensive Air Design vollzieht.

Air Design ist die technische Antwort auf die phänomenologische Einsicht, daß menschliches In-der-Welt-Sein sich immer und ohne Ausnahme als Modifikation von In-der-Luft-Sein darstellt. Weil immer irgend etwas in der Luft liegt, drängt sich im Fortgang der Atmosphärenexplikation die Idee auf, es vorsorglich selber hineinzulegen.

Hier trennt sich der technologische Weg von dem der Phänomenologen, die sich seit einiger Zeit mit ihren deskriptiven Mitteln um das Explizitmachen des menschlichen Aufenthalts in atmosphärischen Gesamtverhältnissen bemühen. Auf diesem Pfad hat Luce Irigaray sogar den Vorschlag gemacht, Heideggers Begriff der Lichtung einzuklammern und ihn durch ein Luft-Andenken zu ersetzen – Luftung statt Lichtung. »Es ist nicht das Licht, welches die Lichtung schafft, vielmehr gelangt das Licht

13 Vgl. Erich Heck, Indoor Air Quality am Arbeitsplatz. »Sick Building Syndrom« und »Building Related Illness«. Ein deutsch-amerikanischer Rechtsvergleich, Baden-Baden 1994

hierher nur dank der durchscheinenden Leichtigkeit der Luft. Es setzt die Luft voraus.«[14] Luft bildet freilich eine Voraussetzung, von der die Autorin nicht genug betonen kann, wie sehr sie im Ungedachten und Unbemerkten verborgen liege – ohne zu berücksichtigen, daß die neuere aerotechnische Praxis dieses angebliche Ungedachte längst zum Einsatzgebiet höchst expliziter Prozeduren erklärt hat. Man erkennt: Ein Denken, das zu lange phänomenologisch bleibt, wird an den Grenzen der Erscheinungswelt zu einem inneren Aquarellieren und klingt bestenfalls in untechnische Besinnlichkeit aus.

Air Design hingegen tritt auch der Luft in der Haltung praktischer Stärke »gegenüber«. Es löst noch die hygienisch motivierte defensive Einstellung der Sorge um »Luftreinhaltung« ab und unterstellt die thematisierte Luft einer positiven Programmatik – gewissermaßen als Fortsetzung des privaten Parfumgebrauchs mit anderen Mitteln. Das Air Design zielt unmittelbar auf Stimmungsmodifikation bei Luftraumbenutzern – und dient damit dem erklärten mittelbaren Zweck, die Raum-Passanten durch geruchsinduzierte angenehme Situationsanmutungen assoziativ an den Ort zu binden und eine erhöhte Produktbejahung und Kaufbereitschaft bei ihnen hervorzulocken.[15] Die *Point-of-Sale*-Atmosphäre rückt als »eigenständiges Marketinginstrument« in der Mittelpunkt der Aufmerksamkeit. Mit aktiver Indoor-Air-Quality-Policy kämpft der Handel zumal im Erlebnis-

14 L. I., L'oubli de l'air chez Martin Heidegger, Paris 1983, S. 147
15 Vgl. Anja Stöhr, Air-Design als Erfolgsfaktor im Handel. Modellgestützte Erfolgsbeurteilung und strategische Empfehlung, Wiesbaden 1998

Shoppingbereich um die affektive Bindung der Kunden ans Verkaufslokal wie ans Sortiment. Die juristische Beurteilung solcher unterschwellig invasiven Methoden zur Herstellung eines »psychologischen Kaufzwangs« ist strittig. Wird die »Zwangsbeduftung« der Kunden von diesen als Manipulationsversuch interpretiert, sind aversive Reaktionen naheliegend und bezeugt – in anderen Fällen werden gut ausgewählte olfaktorische Tönungen der Kaufumgebung als willkommene Aspekte einer extensiv ausgelegten Klientenbetreuung wahrgenommen. Durch die Gestaltung von Atemumgebungen mittels psychoaktiver Designerluft – besonders in Shopping Malls, aber auch in Kliniken, Messen, Konferenzzentren, Hotels, Erlebniswelten, Health- und Wellness-Bereichen, Fahrgastkabinen und ähnlichem – dehnt sich das Prinzip Innenarchitektur auf das sonst unmerkliche Lebensmilieu, das Gas- und Aroma-Environment der Atmenden, aus. Die Richtwerte solcher Eingriffe werden an empirischen Beobachtungen über die »olfaktorische Behaglichkeit« von Luftraumbenutzern abgelesen. Dabei setzt sich die Erkenntnis durch, daß komplexe »olfaktorische Angebote« den »Monodüften« vorzuziehen sind. Das erste Gebot einer neu entstehenden Odor-Ethik lautet, daß Raumessenzen-Zusätze nicht dazu verwendet werden dürfen, anwesende Negativgerüche und Schadstoffe hinter einer olfaktorischen Maske zu verbergen. Der Subtrend zur »odor-hedonistischen Gesellschaft«[16] fügt sich ein in den Primärtrend der Konsumgesellschaft

16 Vgl. Diotima von Kempski, Raumluft-Essenzen-Zugabe. Ein kleiner Leitfaden über Grundlagen und Anwendungsmöglichkeiten, Karlsruhe 1999

zur Ausbildung von Erlebnismärkten und »Szenen«, in denen Atmosphären als Gesamtlagen aus Reizen, Zeichen und Kontaktchancen disponibel gemacht werden.[17]

Vergessen wir nicht, daß die heute so genannte Konsumgesellschaft im Treibhaus erfunden wurde – in jenen glasüberdachten Passagen des frühen 19. Jahrhunderts, in denen eine erste Generation von Erlebniskunden den berauschenden Duft einer geschlossenen Waren-Innenwelt zu atmen lernte. Die Passagen stellen eine frühe Stufe der urbanistischen Atmosphärenexplikation dar – eine objektive Ausstülpung der »wohnsüchtigen« Disposition, von der das 19. Jahrhundert nach Walter Benjamins Ansicht ergriffen war. Wohnsucht, sagt Benjamin, ist der unwiderstehliche Trieb, in beliebigen Umgebungen »ein Gehäuse uns zu prägen«.[18] Schon in Benjamins Lehre vom Interieur ist das überzeitliche Bedürfnis der Uterus-Simulation ausdrücklich mit den symbolischen Formen einer konkreten historischen Situation zusammengedacht worden. Das 20. Jahrhundert freilich hat in seinen Großbauten gezeigt, wie weit die Errichtung von »Gehäusen« über die Bedürfnisse der Suche nach dem wohnlichen Interieur hinausgetrieben werden kann.

Das Jahr 1936 trägt sich in die Chronik der ästhetischen und kulturtheoretischen Atmosphärenexplikation nicht nur durch Salvador Dalís Londoner Unfall im Taucher-

17 Vgl. Gerhard Schulze, Die Erlebnis-Gesellschaft. Kultursoziologie der Gegenwart, Frankfurt–New York 1993, 10. Kapitel »Theorie der Szene«, S. 459ff

18 Vgl. Walter Benjamin, Das Passagen-Werk, Gesammelte Schriften V 1, Frankfurt/M. 1989, S. 292

anzug ein; am 1. November desselben Jahres hielt der damals einunddreißigjährige Schriftsteller Elias Canetti aus Anlaß von Hermann Brochs 50. Geburtstag in Wien eine nach Inhalt und Ton ungewöhnliche Festrede, in der er nicht nur ein Tiefenportrait des zu ehrenden Autors zeichnete, sondern zugleich ein neues Genre von Laudatio stiftete. Die Originalität von Canettis Rede lag darin, daß hier auf bisher unbekannte Weise nach dem Zusammenhang zwischen einem Autor und seiner Zeit gefragt wurde. Canetti definierte den Aufenthalt des Künstlers in der Zeit als einen Atem-Zusammenhang – als einen besonderen Modus des Eintauchens in die konkreten atmosphärischen Zustände der Epoche. Canetti sieht in Broch den ersten Großmeister einer »Dichtung des Atmosphärischen als eine(s) Statischen«[19] – das heißt einer Kunst, die imstande wäre, den »statischen Atemraum«, in unserer Ausdrucksweise: das Klimadesign von Personen und Gruppen in ihren typischen Räumen, zur Anschauung zu bringen. »... immer ist es ihm um die Gesamtheit des Raumes zu tun, in dem er sich befindet, um eine Art von atmosphärischer Einheit.«[20] Canetti lobt an Broch das Vermögen, jeden Menschen, dem er als Darsteller sich zuwendet, gleichsam ökologisch aufzufassen: er erkennt in jeder Person eine singuläre Existenz in ihrer eigenen Atemluft, von einer unverkennbaren Klimahülle umgeben, in einen persönlichen »Atemhaushalt« eingegliedert. Er vergleicht den Dichter mit einem neugierigen Vogel, der die Freiheit besitzt, in alle möglichen Käfige zu

19 Elias Canetti, Hermann Broch. Rede zum 50. Geburtstag, in: ders., Das Gewissen der Worte. Essays, Frankfurt/M. 1981, S. 22

20 A. a. O., S. 18

schlüpfen und aus ihnen »Luftproben« mitzunehmen. So weiß er, mit einem rätselhaft wachen Luft- und »Atemgedächtnis« begabt, wie es sich anfühlt, in diesem oder jenem Atmosphärenhabitat zu Hause zu sein. Weil Broch sich seinen Gestalten mehr als Dichter denn als Philosoph zuwendet, beschreibt er sie nicht als abstrakte Ich-Punkte in einem allgemeinen Äther; er portraitiert sie als verkörperte Gestalten, von denen jede in ihrer eigentümlichen Lufthülle lebt und sich zwischen einer Vielfalt von atmosphärischen Konstellationen bewegt. Nur im Blick auf diese Vielheiten führt die Frage nach der Möglichkeit einer Dichtung, »die aus der Atemerfahrung gestaltet«, zu einer fruchtbaren Auskunft:

> »Darauf wäre vor allem zu antworten, daß die Vielfalt unserer Welt zum guten Teil auch aus der Vielfalt unserer Atemräume besteht. Der Raum, in dem Sie hier sitzen, in ganz bestimmter Anordnung, fast völlig von der Umwelt abgeschlossen, die Art, in der sich Ihr Atem vermischt, zu einer allen gemeinsamen Luft... das alles ist, vom Standpunkt des Atmenden aus, eine ganz einmalige... Situation. Aber gehen Sie dann ein paar Schritte weiter, und Sie finden die völlig andere Situation eines anderen Atemraumes... Die Großstadt steckt von solchen Atemräumen so voll wie von einzelnen Menschen; und so wie die Zersplitterung dieser Menschen, von denen keiner wie der andere ist, eine Art Sackgasse Jeder, – den Hauptreiz und den Hauptjammer des Lebens ausmacht, so könnte man auch über die Zersplitterung der Atmosphäre klagen.«[21]

21 A. a. O., S. 23

Nach dieser Charakteristik beruht Brochs Erzählkunst auf der Entdeckung der atmosphärischen Vielheiten: durch sie gelangt der moderne Roman über die Darstellung von Einzelschicksalen hinaus. Ihr Gegenstand sind nicht länger einzelne in ihren verschränkten Aktionen und Erlebnissen, vielmehr die erweiterte Einheit aus Individuum und Atemraum. Die Handlungen spielen nicht mehr zwischen Personen, sondern zwischen Atemhaushalten und ihren jeweiligen Einwohnern. Durch diese ökologische Sicht wird das entfremdungskritische Motiv der Moderne auf veränderte Grundlagen gestellt: es ist die atmosphärische Getrenntheit der Menschen untereinander, die für ihnen Einschluß in jeweils eigene »Haushalte« sorgt; ihre Schwererreichbarkeit durch die Andersgestimmten, Andersumhüllten, Andersklimatisierten tritt begründeter denn je in Erscheinung. Die Zerspaltenheit der sozialen Welt in füreinander unzugängliche Eigensinnräume ist das moralische Analogon zur mikroklimatischen »Zersplitterung der Atmosphäre« (die ihrerseits einer Zersplitterung der »Wertewelt« entspricht). Weil Broch nach seinem Vorstoß auf die individualklimatische und personenökologische Ebene die Tiefe der Vereinsamung moderner Individuen quasi systemisch erfaßt hatte, mußte sich ihm die Frage nach den Bedingungen ihrer Vereinigung in einem gemeinsamen Äther jenseits der Atmosphärenzersplitterung mit einer Klarheit und Dringlichkeit aufzwingen, für die es weder in seiner eigenen Zeit noch zu einem späteren Moment der Geschichte soziologischer Untersuchungen über das Element des sozialen Zusammenhangs etwas Ebenbürtiges gibt – Canettis verwandten Ansatz in *Masse und*

Macht vielleicht ausgenommen. In seiner Rede von 1936 erkennt Canetti in Hermann Broch den prophetischen Warner vor einer Menschheitsgefährdung ohne Beispiel, die im metaphorischen wie im physikalischen Sinn vom Atmosphärischen her drohte:

> »Die größte aller Gefahren aber, die in der Geschichte der Menschheit je aufgetaucht ist, hat sich unsere Generation zum Opfer erwählt.
> Es ist die Wehrlosigkeit des Atems, von der ich zum Schluß noch sprechen will. Man macht sich von ihr schwer einen zu großen Begriff. Für nichts ist der Mensch so offen wie für die Luft. In ihr bewegt er sich noch wie Adam im Paradies ... Die Luft ist die letzte Allmende. Sie kommt allen gemeinsam zu. Sie ist nicht vorgeteilt, auch der Ärmste darf von ihr nehmen ...
> Und dieses Letzte, das uns allen gemeinsam war, soll uns alle gemeinsam vergiften ...
> Hermann Brochs Werk steht zwischen Krieg und Krieg, Gaskrieg und Gaskrieg. Es könnte sein, daß er die giftigen Partikel des letzten Krieges jetzt noch irgendwo spürt ... Sicher ist aber, daß er, der besser zu atmen versteht als wir, schon heute am Gas erstickt, das uns anderen, wer weiß wann erst, den Atem benehmen wird.«[22]

Canettis pathetische Betrachtung weist auf, wie die Information des Gaskrieges von 1915 bis 1918 durch den intensivsten Zeitdiagnostiker der dreißiger Jahre begrifflich übersetzt worden war: Broch hatte eingesehen, daß

22 A. a. O., S. 23-24

nach den intentionalen Atmosphärenzerstörungen im chemischen Krieg die soziale Synthesis in mancher Hinsicht selbst Gaskriegscharakter anzunehmen begann, als habe sich der Atmoterrorismus nach innen gewendet. Der »totale Krieg«, der sich durch alte Partikel und neue Indizien ankündigte, würde unweigerlich die Züge eines Umweltkrieges annehmen: in diesem würde die Atmosphäre selbst zum Kriegsschauplatz werden, mehr noch: die Luft geriete zu einer Waffengattung und zu einem Schlachtfeld eigener Art. Und darüber hinaus: Aus der gemeinsam geatmeten Luft, aus dem Äther des Kollektiven, wird künftig die wahnverfallene Gemeinschaft den Giftkrieg gegen sich selbst führen. Wie dies geschehen kann, hat eine Theorie der »Dämmerzustände« zu klären – ohne Zweifel der originellste, wenngleich am meisten fragmentarisch gebliebene Teil von Brochs massenpsychologischen Hypothesen.

Dämmerzustände sind solche, in denen Menschen sich als bloße Trendbefolger unter der Trance des Normalen bewegen. Weil der kommende totale Krieg prinzipiell atmoterroristisch und ökologisch (und somit im Medium totaler Massenkommunikation) ausgetragen werden wird, greift er auf die »Moral« der Truppe über, die nun von der Bevölkerung kaum noch unterschieden wird. Durch toxische Kommunionen halten die Kombattanten und Nichtkombattanten, die synchron Begasten und die simultan Erregten im kollektiven Dämmerzustand zusammen. Die modernen Massen sehen sich in eine notstandskommunistische Einheit integriert, die ihnen ein akutes Gefühl der Identität durch gemeinsame Bedrohtheit vermitteln soll. Als besonders gefährlich erweisen sich dann die Klimagifte, die von den Menschen selbst emaniert werden, solange sie, ausweglos erregt, unter abgeschlossenen Kommunikationsglocken stehen: In den pathogenen Klimaanlagen gleichgeschaltet-aufgeregter Öffentlichkeiten atmen die Einwohner ihre eigenen Exhalate immer von neuem ein. Was hier in der Luft liegt, wird durch totalitär zirkuläre Kommunikation in sie gelegt: Sie ist erfüllt von Siegesträumen gekränkter Massen und ihren rauschhaften, empirie-fernen Selbsterhöhungen, denen das Verlangen nach der Erniedrigung anderer wie ein Schatten folgt. Das Leben im Medienstaat gleicht dem Aufenthalt in einem begeisterten Gaspalast.

Brochs Ansichten stützten sich von 1936 an nicht nur auf die nahe Erwartung eines erneuten Weltkriegs, von dem der Autor annahm, er werde vor allem als universale gegenseitige »Vergasung« geführt werden;[23] sie hängen mehr noch von der gesellschaftstheoretischen Diagnose ab, daß die massenmedial integrierten modernen Großgesellschaften in eine Phase eingetreten sind, in der ihre

23 Vgl. Paul Michael Lützeler, Hermann Broch. Eine Biographie, Frankfurt/M. 1985, S. 209; der Ausdruck »Vergasung« findet sich in einem Brief an Ernst Schönwiese vom 3. Oktober 1936. Ob Broch von der Entwicklung der neuen extrem giftigen Kampfgase Tabun (1934) und Sarin (1938) durch ein Forschungslabor der I. G. Farben Kenntnis hatte, ist mir nicht bekannt. Auch eine Reihe anderer Autoren hatte aus der Erinnerung an den Gaskrieg dunkle Zukunftsprognosen abgeleitet, so etwa Erich Kästner in seinem Gedicht Das letzte Kapitel aus seinem Gedichtband Ein Mann gibt Auskunft, 1930: An einem Tag im Jahre 2003 starten eintausend Flugzeuge von Boston aus mit Gas und Bazillen an Bord und töten die gesamte Menschheit, die allein auf diese Weise ihr Ziel, den Weltfrieden, zu erreichen vermag; seltsam konkret datiert Kästner diese Todestrieb-Satire auf den 13. Juli, den Vorabend des Bastillesturm-Gedenktages; vgl. E. K., Kästner für Erwachsene, Ausgewählte Schriften, Band 1, Zürich 1983, S. 219-220

Von-Tag-zu-Tag-Existenz atmosphärisch ganz unter die Vorherrschaft massenpsychologischer Mechanismen geraten ist. Daher muß die *Massenwahntheorie* ins Zentrum der Gegenwartsdiagnostik treten; an ihr arbeitete Broch von 1939 an während eines Jahrzehnts.

Träger und Agens von Wahnbildungen sind Dauerkommunikation durch Tageszeitungen und Rundfunk als Enthemmungsmedien, in denen Phrasen wahr werden – ein Phänomen, dessen Heraufkunft Brochs älterer Zeitgenosse Karl Kraus beobachtet und dessen Entfaltung er zeitlebens bekämpft hatte (erst im Februar 1936 mit der letzten Nummer der *Fackel* hat Kraus, vier Monate vor seinem Tod, den Kampf gegen die »Luft von Sodom«[24] aufgegeben; halten wir fest, daß er bereits im Jahr 1908 die europäische Vorkriegsspannung im Bild der schlimmsten Atmosphärentrübung beschworen hatte: »An allen Enden dringen die Gase aus der Welthirnjauche, kein Atemholen bleibt der Kultur ...«[25]). Von den Wirkungen solcher Medien sagt man zu wenig, wenn man sie mit dem säkular entgleisten missionstheologischen Terminus »Propaganda« charakterisiert. Sie dienen der Immersion ganzer Nationalbevölkerungen in strategisch erzeugte Tendenzklimata und bilden auf diese Weise das informatische Analogon zur chemischen Kriegführung. Brochs theoretische Intuition erfaßte von ferne den Parallelismus zwischen dem Gaskrieg – als dem Versuch, den Gegner in eine zu seiner physischen Vernichtung hinreichend dichte Giftwolke zu hüllen, und der Erzeugung von Massen-

24 Karl Kraus, Briefe an Sidonie Nadherny von Borutin 1913-1936, Erster Band, München 1974, S. 167
25 K. K., Die Fackel, Reprint, Frankfurt/M. 1977, Heft 261-2, 1908, S. 1

wahnzuständen – als dem Versuch, die eigene Bevölkerung in eine zu ihrer Selbstzerstörung hinreichende, durch Verlangen nach »Superbefriedigungen« überladene ekstatische Atmosphäre einzutauchen. In beiden Fällen werden totalisierende Umhüllungen kreiert, die ihre Opfer oder Einwohner in ein aktuell unentrinnbares Gesamtverhältnis bannen: die Atmosphäre fungiert nun selbst als »geschlossenes System«; der Luftraum legt sich um seine Bewohner als Geltungsbereich einer verordneten Besessenheit. Unter der totalitären Zeichenglocke inhalieren die Menschen immer wieder ihre zur öffentlichen Meinung gewordenen eigenen Lügen und bewegen sich freiwillig-unfrei in einer opportunistischen Trance. Im Inneren solcher toxischen Atmosphären sind die einzelnen noch nachdrücklicher als das zu erkennen, was sie schon unter freieren Verhältnissen sind – »Schlafwandler«, die sich im »sozialen Tagtraum«[26] ihrer Organisationen wie Ferngesteuerte bewegen. Sie sammeln sich unter Fahnen und Parolen wie Miteigentümer an Luftschlössern. »Fahnen sind sichtbar gemachter Wind. Sie sind wie abgeschnittene Stücke von Wolken ... Die Völker, als vermöchten sie den Wind aufzuteilen, bedienen sich seiner, um die Luft über sich als die ihre zu bezeichnen.«[27]

Aus Intuitionen dieser Tendenz erwächst bei Broch der erste Ansatz zu einer neuartigen Atmosphären-Ethik, die sich in ihrem »hygienischen« Teil mit der Prophylaxe der Mitgerissenheit, in ihrem »therapeutischen« Teil mit der Zurückführung der Ergriffenen und Vergif-

26 H. B., Massenwahntheorie. Beiträge zu einer Psychologie der Politik, Frankfurt 1979, S. 454

27 Elias Canetti, Masse und Macht, Frankfurt/M.–Wien 1988, S. 97

teten in die lebbare Rationalität eines »offenen Systems« – alias Demokratie oder Gewaltenteilung der Paniken und Hysterien – befaßt.[28] An den Aufgaben einer solchen Ethik des Atmosphärischen gemessen, lebten nicht nur die Demokratien von 1939 in einer »Welt von gestern«;[29] sie sind auch heute gegenüber ihrer akuten Tendenz zur Ausbildung geschlossener Atmosphären und zur Überhöhung von Siegerwahnsystemen von neuem so blind, als hätten die politisch-psychologischen und moralischen Lektionen des 20. Jahrhunderts sich immer nur vor leeren Klassen vollzogen.[30]

Marcel Duchamps verbrachte die Weihnachtstage 1919 bei seiner Familie in Rouen. Am Abend des 27. Dezember wollte er in Le Havre an Bord der *SS Touraine* gehen, um nach zu New York zu reisen. Kurz vor der Abfahrt suchte er eine Apotheke in der rue Blomet auf, wo er den Apotheker dazu überredete, eine mittelgroße Ampulle aus den Regalen zu nehmen, ihr Siegel zu öffnen, die in ihr enthaltene Flüssigkeit auszugießen, um danach das bauchige Gefäß wieder zu verschließen. Duchamps überreichte die leere Ampulle, die er im Reisegepäck mitgeführt hatte, in New York dem Sammler-Ehepaar Walter und Louise Arensberg als Gastgeschenk, mit der Begrün-

28 Ibid., S. 306f. In Sphären III, Schäume, werden Brochs Anregungen zu einer expliziten Atmosphärenethik weiter verfolgt.
29 Ibid., S. 334
30 Broch hatte die Lektion wie folgt formuliert: »der Kampf gilt ... der Siegesbesessenheit als solcher, und wenn es gelingt, ihn zu seinem Ziel zu bringen, so ist diese ›Besiegung des Sieges‹ kein Sieg im althergebrachten Sinne mehr ... beinahe möchte man sagen, daß der gewohnte (und so überaus menschliche) Siegesjubel fortab durch Siegestrauer ersetzt werden müßte ... «, a. a. O., S. 344.

dung, er habe ihnen, da die wohlhabenden Freunde sonst alles schon besaßen, 50 Kubikzentimeter *Air de Paris* mitbringen wollen. So kam es, daß ein Volumen französischer Luft in die Liste der ersten Ready-mades geriet. Duchamps machte sich anscheinend keine Sorgen darum, daß sein Fertig-Luft-Objekt von Anfang an eine Fälschung darstellte, da es nicht mit Luft von Paris, sondern mit der einer Apotheke in Le Havre gefüllt war. Der Benennungsakt überwog die reale Herkunft. Gleichwohl lag ihm das »Original« am Herzen; als ein Nachbarsjunge 1949 die Ampulle der *Pariser Luft* in Arensbergs Sammlung versehentlich zerbrochen hatte, ließ Duchamps über einen hilfsbereiten Freund in Le Havre die gleiche Ampulle in derselben Apotheke neu besorgen.[31] Zehn Jahre später gab Duchamps in einer New Yorker Hotelhalle einem Interviewer zu Protokoll: »Kunst war ein Traum, der unnötig geworden ist... Ich verbringe meine Zeit ganz leicht, doch ich wüßte nicht, wie ich Ihnen sagen soll, was ich tue... Ich bin ein Atmer.«[32]

31 Vgl. Calvin Tomkins, Marcel Duchamps. Eine Biographie, München 1999, S. 262-3, und 436

32 Ibid. S. 474. Der Gesprächspartner ist Calvin Tomkins selbst.

Ausblick

Im Feldzug der Moderne gegen das Selbstverständliche sind Luft, Atmosphäre, Kultur, Kunst und Leben unter einen Explikationsdruck geraten, der die Seinsweise dieser »Gegebenheiten« von Grund auf verändert. Was Hintergrund und gesättigte Latenz war, ist jetzt mit thematischem Nachdruck auf die Seite des Vorgestellten, des Gegenständlichen, Ausgearbeiteten und Herstellbaren versetzt worden. In der Gestalt von Terror, Ikonoklasmus und Wissenschaft sind drei latenzbrechende Mächte in Stellung gegangen, unter deren Wirkungen die Daten und Deutungen der alten Lebenswelten einstürzen. Der Terror expliziert die Umwelt unter dem Aspekt ihrer Verletzbarkeit; der Ikonoklasmus expliziert die Kultur aus der Erfahrung ihrer Parodierbarkeit; die Wissenschaft expliziert die erste Natur unter den Gesichtspunkten ihrer Ersetzbarkeit durch prothetische Geräte und ihrer Integrierbarkeit in technische Verfahren. Umgreifende Verhältnisse, die herkömmlich im Modus der Hingabe, der Teilhabe und der hintergedankenfreien Kommunion erfahren werden konnten, sind durch die Explikation in die quasiobjektive Gegebenheitsweise technischer Machbarkeiten übersetzt worden, ohne daß die Menschen deswegen ihren Aufenthalt in diesen »Umständen« oder »Medien« abbrechen könnten. Das Mißtrauen mag wachsen, wir bleiben dem Suspekten immanent. Wir sind zum In-Sein verdammt, auch wenn die

Behälter und die Atmosphären, von denen wir uns umgeben lassen müssen, nicht mehr wie gute Naturen vorausgesetzt werden dürfen.

Die umständehaften Ganzheiten, die wir nicht verlassen, denen wir aber auch nicht mehr ohne weiteres vertrauen können, heißen vom Anfang des 20. Jahrhunderts an *Umwelten* – eine Prägung, die 1909 durch Jakob von Uexküll in den Diskurs der theoretischen Biologie eingeführt wurde und seither die verwirrende Karriere durchlaufen hat, die scheinevidenten Begriffen gelegentlich bevorsteht.[1] Mit der Feststellung, daß Leben immer schon Leben in einer Umwelt – und somit auch gegen eine Umwelt – ist, beginnt die immerwährende Krise des Holismus: Die altmenschliche Disposition, sich von den Nähe-Ganzheiten wie von guten Umgebungsgöttern gefangennehmen zu lassen, verliert ihren Orientierungswert, seit die Umgebungen selbst Konstrukte geworden sind – oder als solche erkannt wurden. Ja, dieses quasi-religiöse Sichanlehnendürfen ans umgebende Primäre – es heiße Natur, Kosmos, Schöpfung, Heimat, Situation oder wie auch immer – würde sich im Zeitalter der atmosphärischen Gifte, der Strategien, der Hintergedanken wie eine Verführung zur Selbstgefährung ausnehmen. Die fortgeschrittene Explikation zwingt der Naivität nicht nur einen Bedeutungswandel auf, sie läßt sie auch zunehmend auffällig, sogar anstößig werden; naiv ist jetzt, was zum Schlafwandeln inmitten gegenwärtiger Gefahr einlädt. Nach dem Bewußtwerden des ersten wie des zweiten Treibhauseffekts können Leben und Atmen

1 Jakob von Uexküll, Umwelt und Innenwelt der Tiere, Berlin 1909; 2. Auflage 1921

unter offenem Himmel nicht mehr dasselbe bedeuten wie in der Zeit davor. Aus der Heimatlichkeit der Sterblichen in der freien Luft hat sich ein Unheimliches, Unbewohnbares, Unatembares abgehoben. Nachdem Pasteur und Koch die Existenz der Mikroben aufgedeckt und wissenschaftspublizistisch durchgesetzt haben, muß sich die menschliche Existenz zu expliziten Maßnahmen der Symbiose mit dem Unsichtbaren und mehr noch zu Prävention und Abwehr gegen die jetzt präzise aufgestellten mikrobischen Konkurrenten verstehen; nach den Gasangriffen der Deutschen wie den Rückschlägen der Alliierten von 1915 an hat die Luft ihre Unschuld verloren – von 1919 an konnte sie als Ready-made in Portionen verschenkt werden, seit 1924 als Hinrichtungsluft Delinquenten den Tod bringen. Nach der Gleichschaltung der Pressen während des Weltkriegs ist die zivile Kommunikation von Grund auf bloßgestellt, die Zeichen selbst sind besudelt und durch ihre Mitwirkung an bellizistischen Delirien und psychosemantischen Rüstungswettläufen kompromittiert; nach der Religions-, Ideologie- und Sprachkritik sind weite Teile der semantischen Umwelten als intellektuell unatembare Zonen ausgewiesen – verantwortbar scheint von da an nur noch der Aufenthalt in Räumen, die von der Analyse evakuiert, neu eingerichtet und freigegeben wurden. Auch Mona Lisa lächelt anders, nachdem ihr Duchamps den Bart verpaßt hatte.

In dieser Lage werden Immunsysteme zum Thema. Wo alles latent verseucht und vergiftet sein könnte, wo alles potentiell trügerisch und verdächtig ist, lassen sich Ganzheit und Ganz-sein-Können nicht mehr von äußeren Umständen herleiten. Integrität ist nicht länger als etwas zu denken, was durch Hingabe an ein wohltätig Umgebendes gewonnen wird, sondern nur noch als Eigenleistung eines Organismus, der selber für seine Abgrenzung von der Umwelt sorgt. Damit bahnt sich ein neues Denk-Motiv seinen Weg, ohne welches der Ideenhaushalt der Moderne unvollständig wäre: daß Leben nicht so sehr durch Teilhabe am Ganzen sich im Dasein hält, sondern sich mehr noch durch Selbstschließung und selektive Teilhabeverweigerung stabilisiert. Man sagt nicht zu wenig, wenn man dies als den Grundgedanken einer nachmetaphysischen oder anders-metaphysischen Zivilisation bezeichnet. Seine psychosoziale Spur manifestiert sich in dem Naturalismus-Schock, mit dem die biologisch sich aufklärende Kultur lernt, von einer phantasmatischen Ethik der universalen friedlichen Koexistenz auf eine Ethik der Interessenwahrung endlicher Einheiten umzustellen – ein Lernprozeß, in dem das politische System sich einen seit Machiavelli manifesten Vorsprung erarbeitet hatte. Diese Ethik läßt sich nur durch eine Grundlagenreflexion über die Quellen von Immunität fundieren.

Die Immunitätsdämmerung bestimmt die intellektuellen Lichtverhältnisse über dem 20. Jahrhundert. Ein Mißtrauenslernen, für das es geistesgeschichtlich kein Beispiel gibt, verfärbt den Sinn von allem, was bisher Rationalität hieß. Für die Intelligenz, die sich an der Front dieser Entwicklung bewegt, beginnen die Lehrjahre der Nicht-Hingabe.

Philosophie in der edition suhrkamp
Eine Auswahl

Theodor W. Adorno
- Gesellschaftstheorie und Kulturkritik. es 772. 179 Seiten
- Ob nach Auschwitz sich noch leben lasse. Ein philosophisches Lesebuch. Herausgegeben von Rolf Tiedemann. es 1844. 569 Seiten
- Stichworte. Kritische Modelle 2. es 347. 193 Seiten

Geist an den Zeitgeist. Erinnern an Adorno. Herausgegeben von Josef Früchtl und Marina Calloni. es 1630. 224 Seiten

Etienne Barilier. Gegen den neuen Obskurantismus. Lob des Fortschritts. Übersetzt von Ulrich Kunzmann. es 2099. 180 Seiten

Roland Barthes
- Der entgegenkommende und der stumpfe Sinn. Kritische Essays III. Übersetzt von Dieter Hornig. es 1367. 319 Seiten
- Kritik und Wahrheit. Übersetzt von Helmut Scheffel. es 218. 91 Seiten
- Mythen des Alltags. Übersetzt von Helmut Scheffel. es 92. 152 Seiten

Roland Barthes. Eine intellektuelle Biographie. Von Ottmar Ette. es 2077. 520 Seiten

Benjamins Begriffe. Herausgegeben von Michael Opitz und Erdmut Wizisla. 2 Bände. es 2048. 854 Seiten

Karl Heinz Bohrer
- Plötzlichkeit. Zum Augenblick des ästhetischen Scheins. es 1058. 262 Seiten

NF 314/1/8.00

Konstruktionen praktischer Vernunft. Philosophie im Gespräch. Herausgegeben von Herlinde Pauer-Studer. es 2181. 304 Seiten

Die List. Herausgegeben von Harro von Senger. es 2039. 500 Seiten

Martha C. Nussbaum. Gerechtigkeit oder Das gute Leben. es 1739. 316 Seiten

Die Organisation der Philosophen. Herausgegeben von Wilhelm Berger und Peter Heintl. es 2069. 324 Seiten

Richard Rorty. Die Schönheit, die Erhabenheit und die Gemeinschaft der Philosophen. es 2149. 87 Seiten

Peter Sloterdijk
- Der Denker auf der Bühne. Nietzsches Materialismus. es 1353. 190 Seiten
- Eurotaoismus. Zur Kritik der politischen Kinetik. es 3328. 346 Seiten
- Kopernikanische Mobilmachung und ptolemäische Abrüstung. Ästhetischer Versuch. es 1375. 126 Seiten
- Kritik der zynischen Vernunft. 2 Bände. es 1099. 954 Seiten
- Versprechen auf Deutsch. Rede über das eigene Land. es 1631. 82 Seiten
- Weltfremdheit. es 1781. 381 Seiten
- Zur Welt kommen – Zur Sprache kommen. Frankfurter Vorlesungen. es 1505. 175 Seiten

Peter Strasser
- Journal der letzten Dinge. es 2051. 301 Seiten
- Philosophie der Wirklichkeitssuche. es 1518. 235 Seiten
- Die verspielte Aufklärung. es 1342. 164 Seiten
- Der Weg nach draußen. es 2177. 270 Seiten

NF 314/3/8.00